〔韩国〕孔元国 著

张晴晴 译

第五卷　吴越争霸

春秋战国

上海三联书店

平王（？—前516，前528—前516年在位）

公子弃疾杀害了前任君主公子比继承楚国王位，后听信费无极的谗言杀害了伍子胥的父亲伍奢和兄长伍尚。伍子胥逃到吴国后开始复仇，就此开始了春秋末期的这场复仇剧。据说在楚平王死后的公元前506年，吴国通过柏举之战占领楚国国都郢后，伍子胥掘开楚平王的坟墓，挖出其尸体鞭打了三百下。

费无极（？—前515）

《史记》中记载为费无忌，是楚平王的心腹，也是将春秋末期南方地区变为复仇战场的罪魁祸首。为了满足自己的权力欲望，他曾陷害太子建和太傅伍奢，致使伍氏一族被诛杀，为春秋末期南方一带成为血流成河的复仇战场埋下伏笔。总之，费无极为了成为楚平王最宠近臣而不断清除异己，可以说是楚国的一大祸端。年幼的楚昭王继位（公元前516年）后，费无极依然不改其横暴之行，致使民怨沸腾，于昭王二年被令尹囊瓦（子常）杀死。

楚子西（？—前479）

春秋末期楚国令尹，楚平王的庶子。公元前516年楚平王死后，令尹囊瓦曾想扶植其为楚王，但是子西拒绝了囊瓦的请求，并拥立年幼的太子壬（昭王）为王。楚昭王十年，吴王阖闾攻打国都郢，昭王弃都避难，子西留守郢都并穿上昭王的衣服，召集散兵，以显示楚国并未灭亡。昭王死后，子西拥立昭王的儿子熊章（惠王）为王，为之后楚国的中兴奠定了基础。

阖闾（？—前 496，前 514—前 496 年在位）

吴国第六代君主，吴王寿梦的长子，成为国君之前又称公子光。公子光一直对吴国的王位继承心有不甘，但是他很好地隐藏了自己的野心，积极活跃在与楚国作战的前线。伍子胥洞悉了公子光的野心，向其推荐了刺客鲑设诸（专诸）。鲑设诸将匕首（鱼肠剑）藏在鱼腹中伺机杀死了吴王僚，之后公子光登上吴国王位。阖闾在誓要向楚国复仇的伍子胥等人的帮助下，将吴国发展为强国，在想要一鼓作气攻克越国时被勾践打败，给儿子夫差留下了"你能忘记勾践杀死了你的父亲吗？"的遗言，誓要儿子为其报仇。

伍子胥（？—前 484）

本卷主人公。子胥是其字，其名为员，是楚国太子建的太傅伍奢的次子。奸臣费无极的诬告致使其父亲和兄长惨死，所以他立志要复仇，后来逃到吴国，辅佐吴王阖闾发展壮大吴国。在阖闾的儿子夫差攻打越国取得大胜时，强烈反对与越国讲和，但是夫差并没有听伍子胥的劝诫，后被在政治上既是知己又是对手的伯嚭陷害，自杀而亡。司马迁《史记·伍子胥列传》评价其放弃小意气，洗雪大耻辱，克制忍耐，成就功名，是刚正有气性的大丈夫。

伯嚭（？—？）

吴国的大臣。原是楚国的大夫，但是因为费无极和楚国令尹囊瓦相互勾结攻杀其父郤宛，于是带领族人逃到吴国。后来与举荐自己的伍子胥一起受到吴王的宠爱，负责管理吴国政事。伯嚭为人好大喜功，他劝说吴王夫差不要杀越王勾践，与伍子胥走到了对立面，并最终让夫差杀死了伍子胥。他为了一己私利而不顾国家的安危，私通敌国，最后导致吴国走向衰亡。

孙武（前544—?）

原为齐国人，因伍子胥的举荐而辅佐吴王阖闾，并受命训练吴国的陆军。据传在阖闾占领楚国国都时，发挥了巨大的作用，但是在此之后关于他的行踪却无人知晓。

夫差（?—前473，前496—前473年在位）

吴国最后的君主，阖闾的儿子，也是"卧薪尝胆"的另一方主角。其父被越王勾践所伤而亡，为了替父报仇，他励精图治，使吴国实力增强。在公元前494年迎来了向勾践报仇的机会，但是他没听伍子胥一定要杀死勾践的谏言，错失了最好的报仇机会。后来在为了让吴国称霸专心施行北进政策时，受到一心要雪耻的越王勾践的攻击，在提出议和请求遭到越国拒绝后，带着未听从伍子胥谏言的悔恨自刎。

勾践（?—前465，前496—前465年在位）

"卧薪尝胆"故事的主角，继承王位之初，在与吴王阖闾的战斗中将其杀死。后来在誓要为父雪耻的夫差的攻击下在会稽山大败，之后向伯嚭行贿，免于一死后，和范蠡一起被带到吴国服侍夫差。结束两年的人质生活后，勾践回到越国，为了一雪会稽山之耻，每日睡在柴火上并尝苦胆提醒自己，且积极施行富国强兵之策。这就是"卧薪尝胆"的故事。后来他在范蠡和文种的辅佐下，将越国日益发展壮大，并最终令夫差自杀，灭掉吴国，成为春秋时代最后一个霸主。

范蠡（前536—前448）

楚国人，后迁到越国辅佐勾践。公元前494年勾践败给夫差时，跟着勾践到吴国当奴仆，后来通过高超的谋略回到了越国。与当时被献给吴王令其沉溺酒色中的绝世美人西施之间的爱情故事，也被后世津津乐道。回到越国后，范蠡辅佐勾践振兴越国，20年后灭掉了吴国。但是他看清了勾践是可共患难不可共享福的君主，于是带着家人离开了越国。这是中国历史上有名的功成身退的例子。据说范蠡离开越国之后，他的朋友文种留下了"兔死狗烹"的字句。

文种（？—前472）

楚国国都郢都人，和范蠡一起迁至越国辅佐勾践。越王勾践和范蠡一起赴吴国为人质时，文种留在了越国，为越国的振兴打下了基础。后来和范蠡一起为打败吴王夫差立下赫赫功劳。但是跟看清勾践的为人遽然离开的范蠡不同，文种留在了勾践身边，但最终遭到陷害被勾践赐剑自刎。

目　录

1

前　言

　　这一次我们的旅行将去往春秋时代的终点站。春秋时代开始后，以宗法制为基础的周国政治秩序的光芒逐渐暗淡下去，并被以霸权者为中心的政治秩序（齐桓公、晋文公、楚庄王）取而代之，最后在经历了吴越楚之间一系列激烈的战争后，春秋时代走向终结，开启了战国时代的历史新篇章。

　　吴越楚三国最初与北方诸国的想法并不相同，在春秋时代已经自立称王，但是三国为争夺南方的霸权，展开了激烈的角逐，最后打败了一心夺取霸权的北方强国晋国和齐国，成为春秋最后的霸主（吴王阖闾、越王勾践）。

　　但是讽刺的是，春秋秩序的瓦解和战国时代的到来这一历史必然趋势，是以失去父亲和兄长的人进行最原始、最落后的"复仇"故事为导火索的。并且这一复仇又导致了其他的复仇，最后在历史长河中也考验了复仇者们自己的命运。

　　但是命运显然无法超越历史。个人复仇所引起的历史激浪，在造就了同病相怜、卧薪尝胆、兔死狗烹等众多故事的吴越相争中，达到了最高潮。在南方蛮夷之地所进行的这次血腥角逐，使以"礼"秩序为基础的春秋的一大支柱彻底崩塌，开启了中原各国为富国强兵和领土扩张进行激烈竞争的新时代。

开篇语

1. 复仇无情，欲望与复仇的大惨剧

有一个奇特的故事。

某天，母亲告诉了儿子他的铁匠父亲生前的最后情景。父亲临死之前，与母亲有过以下谈话。

"明天我要向大王进献剑了，但我献剑的那一天，就是我命尽的那一天。我们好像要永别了。"

"这次你不是立下了大功吗？"

"唉，你不明白。大王原本就是多疑、残忍之人。这次我给他铸造了天下第一的剑，他一定会杀了我，以防止我再给他人铸剑，从而不让他人能与他相抗衡或超过他。"

铁匠对着呆呆流泪的妻子说道："不要难过，这已经是定局，眼泪也没法改变命运，我已经做好了准备。这是一把雄剑，你把它收好。明天如果我没有回来，那就说明我已经死了。你已经怀孕5个月了，不要伤心。如果生的是儿子，就好好养育他，等他成人后，

把这把剑交给他，让他砍下大王的头为我报仇。"

这就是丈夫生前最后的情景。丈夫最终没能回来，妻子生下了儿子，取名为眉间尺，并在后来告诉了他父亲的故事。从小就没有了父亲的儿子，展开了悲惨而残酷的复仇。

这个悲惨故事就是大文豪鲁迅根据中国古代神话故事所写的小说《铸剑》的序言部分。对古典文学有一定了解的读者，脑海中可能会浮现出相似的故事，而这个故事明显就是从春秋末战国初吴越楚间的惨烈复仇剧中衍生出来的。

与眉间尺不同，连遗言都没听到就失去父亲的伍子胥，成为复仇的化身。他掘开杀死父亲的元凶楚平王的墓，鞭打其尸体 300 鞭。藏在山中的伍子胥旧友申包胥听到这一消息，派人斥责子胥道："你复仇的手段是不是太过分了？你曾是他的臣子，亲自拱手称臣侍奉他，如今居然这样污辱死人，这难道不是违背天理到极点吗？"

而伍子胥对被派来的人说："请替我向申包胥道歉，告诉他我现在就像远行的人，天快黑了，但路途还很遥远，所以我只能倒行逆施（吾日暮途远，吾故倒行而逆施之）。"

很多失去至亲的人会选择不顾天道伦常，全身心地投入到复仇中去。如牺牲生命去复仇的伍子胥的兄长，最后摧毁大国楚国的伍子胥，被越王勾践打败而亡交代儿子夫差为他复仇的吴王阖闾，一心为死去的父亲复仇并让勾践臣服的夫差，舔食夫差大便饱尝失败之耻的勾践以及最后打败夫差并拒绝慈悲的勾践。那么，复仇是让人忘记天道的一种无情的行为呢，还是说复仇是体现天道的一种捷径？

另外，在他们故事的中心存在着剑。那么剑是什么呢？它是一种用来刺或砍东西的物品。近距离杀敌时，它是一种能击刺敌人，同时也让自己身体暴露的武器。所以人们很害怕剑客的火气和气场。而这次的故事也有着剑一般的逼人气势。

吴越是以剑闻名的地方。东汉时期所著的《吴越春秋》中记载，吴王阖闾命铸剑师干将为其铸造名剑。另外，在大概同一时期所著的《越绝书》中也记载了楚王让吴国的干将和越国的欧冶子铸造名剑的故事。在湖北省的楚国遗址中出土了大量越国君主的武器，在战国时代所著的《荀子》中有"阖闾之干将、莫邪、巨阙、辟间，此皆古之良剑也"的记载，由此可见，战国时代吴越的武器在中原也颇有名气。在后来的《列异传》和《搜神记》中也收录了与上述相似的故事。

　　在上述故事中，吴越之间错综复杂的恩怨关系，以吴越特有的主题"剑"为媒介得以解决。仅是如此吗？现在江湖侠客仗剑纵横江湖、报仇雪恨的故事，也依然是很多武侠小说的主题。剑显然代表江湖，也是吴越的象征。

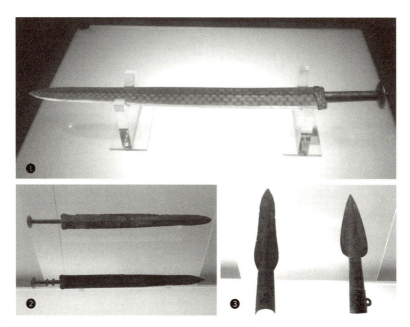

春秋时代最后的霸主越国的武器（湖北省博物馆收藏）
❶越王勾践之剑　❷越王朱勾剑和子治御史剑　❸越王子治御史矛（左）

另外，鲁迅还提到了看不见的剑。看得见的剑可以抵挡同样看得见的剑，但是却无法抵挡看不见的剑。在看得见的剑的世界里，正义可能会败北，同情可能会被践踏。但是看不见的剑能够让历史重新回到正轨，能够让人间正理重新归位。历史告诉人们冥冥中存在着复仇剧主人公绝对无法知晓的看不见的剑。

在以复仇为目的的战争中，复仇者取得最后胜利是理所当然的，然而这种胜利还应是长久的胜利。在当事人忘掉这点的时候，复仇又引起了新的复仇，最后当事人均被隐藏着的剑所灭掉。从这点来看，吴越的复仇剧中还隐藏着当事人不知晓的其他复仇剧。而寻找这些隐藏的复仇剧也算是阅读本书的一大乐趣。

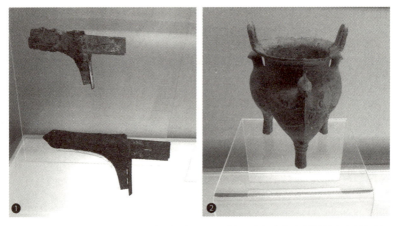

❶春秋时代的铜铁合金戈　铁会生锈。这里可以看出用青铜来包裹锈铁的古人的智慧。
❷典型的越国青铜器

在本书中，笔者将有关社会经济的分析内容放在了后面，并且书的内容主要是以小说的形式来进行叙述。吴越历史本身就是一部庞大的历史剧。仇恨与复仇，欲望与智慧，像刀与枪一样激烈碰撞，写下一部人间诸事的教科书。不知道听完他们的故事后，读者会不会感到不寒而栗。不过，既然在人生的茫茫大海中，每个人都要独自破浪前行，那么，通过了解吴越之争来间接体验人世间的波澜万丈，也未尝不是件好事。

在这物欲横流的人世间，很多事是没有正确答案的，因此读者可以自由选择如何阅读本书。可以将自己设想成书中的某个人物，夫差、勾践、范蠡、伍子胥、文种、伯嚭，或者其他人。或者根本就不将自己设想成书中的任何人，笔者认为这都没有关系。现在就让我们去吴越江湖中探寻隐藏在历史中的剑吧。

2. 吴越之战开启战国时代的大门

在世界规模最大的由个人编撰的史书《资治通鉴》中，有以下文字记载：

> 周威烈王二十三年，初命晋大夫魏斯、赵籍、韩虔为
> 诸侯。

当时是公元前 403 年。主编司马光把大夫成为诸侯这一事件作为战国时代开始的标志。为什么要这样划分呢？原因就是这时"礼"崩塌了。礼的根本是什么呢？是本分。本分的标志是什么呢？是名分。大夫变为诸侯的那一刻，意味着礼已经丢掉了名分。并且司马光对此评论道：

> 呜呼！君臣之礼既坏矣，则天下以智力相雄长，遂使
> 圣贤之后为诸侯者，社稷无不泯绝，生民之类糜灭几尽，
> 岂不哀哉！

俗话说，燕子来了是春天到了，大雁来了是冬天到了，但很多情况下，燕子来了并不一定是春天，大雁来了也并不一定是冬天。春夏秋冬四季轮回不过是地轴倾斜的地球围绕太阳公转的结果。在笔者看来，司马光关于战国时代起始时间的划分实际上有点太晚。

虽然在公元前5世纪结束时，大家认为是"春秋"时代落下帷幕了，"战国"时代到来了，但是这时能看到的只有燕子和大雁飞来时扑扇翅膀的动作，至于它们为什么来、什么时候出发的则难以知晓。不过显然燕子和大雁从很久之前就开始出发了，而它们出发的缘由也早已明晰。

战国时代是从什么时候开始的？

公元前453年，魏赵韩三大氏族灭掉智氏，在实质上将春秋时代的超级强国晋国一分为三。这就是中国历史上有名的"三家分晋"事件。但是这三大家并没能立刻就获得诸侯称号，而是五十年之后才获得与其实力相配的声名。并且司马光等正统史学家，将周天子不得不承认三晋（魏赵韩）为独立国家的公元前403年，作为战国时代开始的标志。

在三大家瓜分晋国的过程中，水攻、火攻、屠杀等空前残酷的战斗接连不断。他们的行为中不再存在贯通了春秋时代的任何名分。那么他们的行为与之后的"战国七雄"的行为有什么差异吗？

一些人将史书《春秋》论述内容结束的时间点作为春秋时代的终结时间。公元前481年，孔子听闻"麒麟被抓到"（获麟），于是宣称自己的道已经穷尽（吾道穷矣）。孔子所渴望的不正是恢复文王和周公之道吗？《春秋》的正文记载到公元前479年，解说内容（传文）止于公元前468年。当时孔子好像是认为时代已经变化太多，仅凭几人之手已经无法扭转，于是在听到麒麟被捕获的时候，放弃书写《春秋》，并在完成《春秋》正文后就死去了。

正如河流不能仅凭一刀就分割出上下游一样，历史也不能一刀分割出两个阶段。因此可以大体推定，在孔子去世和晋国大夫成为诸侯这段时间内，变化一直在进行着，以至于最后终于迎来了战国时代。

什么是战国时代呢？孟子曾评价其是"争地以战，杀人盈野；争城以战，杀人盈城"的时代。那么战国时代纯粹是一段历史倒退的时期吗？其实孟子如果早出生二百年的话，也就无法用牛车拉着成堆的竹简周游列国进行游说了。显然一介书生原本不可能带领众人向君主肆意谏言。因此战国时代虽然充满杀戮，但同时也是一个迅速进步的时代。

虽然一些有心人曾探讨过春秋和战国的区别，但是尚没有人能像生活在这一变革时期的吴起一样切中要害。公元前 4 世纪初，吴起在楚国施行了激烈的改革，而他的改革也被当作战国时代的指南书。吴起使春秋的贵族阶级解体，他所做的事如下：

> 均楚国之爵而平其禄，损其有余而继其不足，厉甲兵
> 以时争于天下。
>
> ——《说苑》

吴起强调的改革的核心是什么呢？司马迁曾断言"关键在强兵"。即通过培养强大的军队和集中君权来建设强大的国家。为什么要建设强大的国家呢？因为要争夺天下。为什么要争夺天下呢？因为天下的利益越来越大，于是自然产生了想要夺取的人，而谁能够取得先机，谁就能够打开潘多拉盒子。并且我如果不打别人，别人就会打我！

如果说战争是战国时代的标志的话，那么宣告战国时代到来的燕子和大雁就是吴国和越国。意思为虽有不共戴天之仇但当利害一

致时团结互助的吴越同舟，切齿拊心誓要复仇的卧薪尝胆等成语，均出自吴国和越国的争斗中。两国间惨烈的争斗在公元前473年越国灭掉吴国后而告一段落。当然即使潘多拉盒子已经被打开，胜者也不会有享受闲暇的时间。在争斗中双方均动用了所有的资源。这与战国中期的情形并没有明显的区别。

那么是谁点燃了这场惨烈战争的导火索呢？如果要选出一人的话，可以说正是当初逃到楚国的伍子胥。在战国时代，作为底层贵族阶级的士人集结为不同学派，周旋于各国之间，也就是所谓的诸子百家。伍子胥正属于诸子百家中的一支。虽然在客观现实世界中充斥着战争，但是对于相信"世界能在我手中改变"的志士们而言，乱世反而是研磨自身理论的好时机。战国时代也是这些流浪知识分子的学说纷纷涌现、争奇斗艳的时期。

孔子出生于古希腊泰勒斯逝世之际，孔子逝世时苏格拉底出生了。苏格拉底活跃期间，墨子自创了墨家学派，与儒家一起并称"双璧"。在柏拉图（前427—前347）为自己的理式美学感到骄傲时，辩论家孟子出生了。假如不是处在战国的混乱时期，孟子的理论可能就无法诞生了；假如伯罗奔尼撒战争没有失败，那么柏拉图可能就不会为国家忧心了。

战国时代其实是一个令人恐惧的时代。在摧毁敌人的同时，也摧毁了旧体制，因此春秋时代的身份制度也在战争的激浪中被毁掉。换言之，战国时代是用鲜血浸染的"先进化过程"，而吴越间的角逐是开启战国之门的一个显著标志。

但最重要的是，南北霸权的结束是政治史上划分春秋和战国界限的标准。春秋时代是南北方两个最强国楚国和晋国以及依附他们的一众国家为了争霸而展开角逐的霸权体制。即使晋国和楚国的国力相对变弱，周边的小国家也不希望这一霸权体制解体。霸权体制是春秋战国时期五百年间所蓄积的政治力量的结晶，是许多国家赞成并维护的一个体制。但是吴国的阖闾摧毁了楚国政权，结束了这一体制。于是在北方孤掌难鸣的晋国的霸权也自然地崩塌了。后来越国又击败了"霸主"吴国，使霸权体制变得有名无实。

吴国的剑斩断霸权体制的一个支柱后，春秋时代的秩序开始失去平衡，逐渐走向崩溃。春秋时代之后就是战国时代。一个只能不择手段地活下去、不会有任何人给予帮助的时代到来了。

第 1 章

去往江南的路

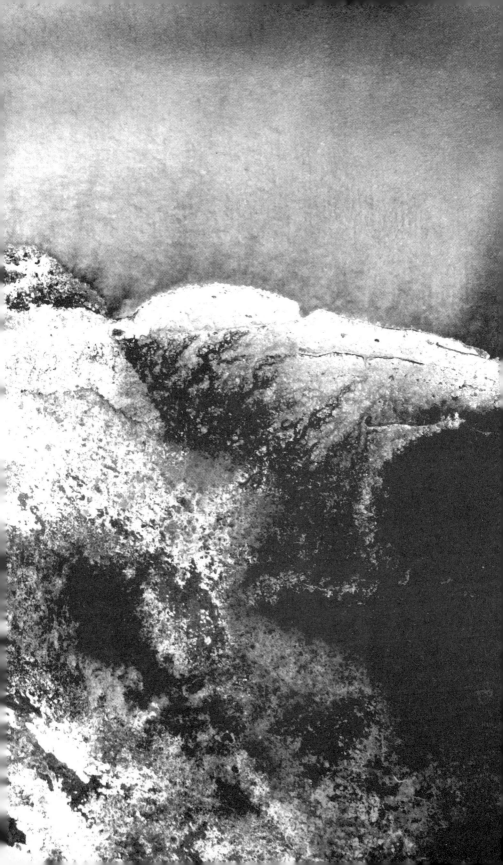

1. 南北逆转——江南的时代

中国历史上，王业兴起一般发生在北方。伴随王业创立而来的通常是战争，在北方与骑马的人对战，血才会沸腾，筋肉才会变硬，才能面对创立王业时的血雨腥风。开启春秋战国时代的周王朝的创立者就是从北方的西北地区兴起大业的人。

随着社会日益复杂，跟挑起事端的人相比，进行收尾的人变得更多起来。想要成就大业，纵使开端比较散漫，结尾也务必要周密。也许是因为这个原因，进行收尾的人反而很多都是"柔弱"的南方人。当然这一点并不能完全套用到历史中去，但是有统计数据显示大部分情况都印证了这一点。历史上，南方出身的官吏人数要更多。至少在最近一千年间，这一趋势并没有发生逆转。

现在的中国江南一带可谓是高楼林立、车水马龙，甚至在世界上也占有相当重要的地位。未来社会显然会变得更加复杂，而江南一带也会变得更加重要。

但是江南一带也有过非常不起眼的时期。公元前5世纪之前，这个地方的人被看作是跟野兽一样未开化的人。他们无视中原礼法，在水中扎猛子玩儿，将头剃得光光的，在身上文身，被认为是根本无法与之交往的野蛮人，为人们所不齿。本书的主人公越国宰相范蠡就曾将自己与中原人进行过对比：

> 从前我们的先君原是周朝不大够格的子爵，所以只能住在东海岸边，和鼋鼍鱼鳖相处，同水边的虾蟆共居。我们虽然面貌俨然像个人，但实际上跟禽兽差不多，怎么懂得你说的这些巧辩的话呢？

可见南方原来是这样的地方，那么为什么现今的北方反而成为未开化之地了呢？这也许跟范蠡反复提到的天时有关联。但是未开化也并不一定是坏事。未开化意味着保留了其原始的力量。尚未绽放的花会有开放的希望，已经绽放的花就只能等待凋谢之日了。当然最初在江南种花的人是生活在这片土地上的部族们，而将他们编入"中国"文明的一部分的则是春秋末期发动吴越之战的人。并且再过两千五百年，南方终于真正迎来了鳄鱼变身为龙的日子。在故事开始之前，我们先沿着历史大致了解一下江南的形势。

2. 三江五湖的利益

伍子胥：夫吴之与越也，仇雠敌战之国也；三江环之，民无所移。

范蠡：与我争三江、五湖之利者，非吴耶？

正是如此。江南是被三江五湖环绕的地方。吴越争霸舞台上的三江五湖还只包括吴江、浦阳江和太湖，当今的三江则是长江、淮河和钱塘江，五湖是太湖、杭州湾和上海湾。

越国的国都，现今的苏州，是越国扩张后占据的地方。西边的屏障太湖通过运河与长江相通，东流的长江从太湖的正西方芜湖转向北流，拓宽了吴国的国土，流经南边的都城（南京）后又转向东流。乘船往东行驶几小时登上江南边的镇江丘陵的话，"江北的江南"扬州的平原则可一览无余。吴国的许多君主曾命人在扬州平坦的土地上开挖运河连通淮河和长江，且这一运河被保留至今，成为世界上运费最低廉的运输通道。

扬州四季如春，因此北方人到了扬州通常就不想再回去了。历史上隋炀帝曾因此地弄垮了身体，乾隆帝也因此地变得懈怠。但是在两千五百年前，夫差率领三军，乘船威风凛凛地通过扬州的水道，向北扩张，夺得了霸主称号。那时，扬州还只是林草丛生的江边沼泽地，并不是削弱君主意志的温柔乡，而是敲响北征战鼓的杀伐之地。

流经扬州的长江现在几乎已经与大海连为一体。如今位于长江江口的上海，是具有"出港"之意的超级大城市。养育了世界最多人口的长江对吴越故地也十分宽厚，流经时并没侵蚀到任何地方。

在长江北边至淮河（淮水）之间是一望无垠的淮中平原。此地本来生活的是与世无争的民族，即被称为淮夷的民族。这里的地势

水乡苏州（左图）和扬州东边的运河（右图）

7

苏州上方山 吴国守备兵在这个堡垒上能够最先发现从东边攻入的越国军。

不高也不低，土壤肥沃，非常适合谷物和蔬菜的生长，而且气候温暖，也非常适合饲养猪和鸡。因此吴国和越国都不可能放弃此地。如今中国已经没有名为淮夷的民族，而且淮河河口的港口日益繁盛，这其中"东夷"的贡献可以说是最大的。

在南边，发源于天下绝景黄山的钱塘江（富春江）汇合了众多山中支流在杭州湾流入东海。这个入海口前边为海，后边为河，左边隔水相望的是风水宝地杭州和绍兴——这个地方正是古时的会稽，越国的心脏。

即使碰到灾荒之年，也可出海或去河湖打鱼，让船舱装满野生的稻谷，因此在这个地方像鳄鱼或者鼋鱼一样恣意生活似乎也别有一番乐趣。而野心家们显然都不会放弃这块宝地。勾践以钱塘江和杭州湾为防护屏障，以会稽山为后盾，不断发展壮大越国势力，最终成为江南的主人。虽然会稽面积不大，但是却是具备充分的山川优势的地方，之后在南方创立王业的所有王朝几乎都希望能占得此地为根据地。

历史上，一直坚持把中国汉族作为正统王朝的东晋，只凭三吴（吴郡、吴兴郡和会稽郡）就维持了长久的统治。长江南部虽然地域

❶西湖 ❷钱塘江 钱塘江是会稽的脐带。钱塘江及其附近的冲积平原为越国的兴盛奠定了基础。

狭小，但是盛产谷物。当风调雨顺时，江淮（长江和淮河之间）一带是最好的天然粮仓。当河水泛滥、海水侵入时，也可以去太湖捕捉鱼蟹来果腹。因此为争夺这块宝地而引发战争显然无法避免。

历史上，江南所代表的范围一直在扩大。在古代，江南被称为"南蛮"或"蛮夷"之地，甚至在几百年前也还有不少北方人称南方人为蛮子。《东方见闻录》的作者马可·波罗也是如此称呼江南的。但是当初因吴越之争在中原声名大噪的江南，现在俨然已经成为富庶之地的代名词。

《史记·货殖列传》中将春秋战国时期吴国所在的地区称为东楚，将浙江的南部称为越国，并且指出"吴（东楚）物产富饶"。

> 彭城以东，东海、吴、广陵，此东楚也。其俗类徐、僮。朐、缯以北，俗则齐。浙江南则越。夫吴自阖庐、春申、王濞三人招致天下之喜游子弟，东有海盐之饶，章山之铜，三江、五湖之利，亦江东一都市也。

3. 这不是去往江南的路吗？

在前往江南之前，我们借用白居易的一小节诗来助兴一下。

曾在官场春风得意的诗人，在四十四岁即公元 815 年，因上书缉拿刺杀宰相的刺客而被贬为江州司马，江州为现江西省九江市，诗人因贬职在去江州赴职的路上非常忧愤、悲伤。

> 新雪满前山，
>
> 初晴好天气。
>
> 日西骑马出，
>
> 忽有京都意。
>
> （中略）
>
> 行吟赏未足，
>
> 坐叹销何易。
>
> 犹胜岭南看，
>
> 雾雾不到地。

—— 《江州雪》

由此可见，到唐朝时，南边依然是偏僻之地，是人才们不愿意去的地方。在白居易五十岁左右的时候，被唐穆宗重新召回长安，先后担任主客郎中、知制诰、朝散大夫、上柱国，后又升任中书舍人，不过此时的长安，对白居易来说已经不再似从前了。因为江南的生活已经深深扎根在他的心里。最终他主动请求去杭州，成为杭州刺史。在离开长安城时，他写下了下面的诗歌：

> 朝从紫禁归，暮出青门去。
>
> 勿言城东陌，便是江南路。
>
> 扬鞭簇车马，挥手辞亲故。

我生本无乡，心安是归处。

——《初出城留别》

可见白居易在江南完全治愈了内心的痛苦，在钱塘江筑堤护坝，成为农民的朋友，最终从骨子里成为江南人。岁月正是如此无常。在吴越之争过了一千年之后，江南不再是战乱纷争之地，反而成为治愈伤痛的场所。

我们也前往江南去探寻一下春秋战国的历史吧。

第 2 章

复仇剧的序幕
——楚国，
失去了"名剑"伍子胥

恶行的动机是什么呢？一般来说私念会导致恶行的产生，但是在历史中常会有很多作恶多端却找不出特别动机的人物，他们甚至可能并不知道自己的行为是恶劣的。但是这些恶人有一个共同的特点，即他们具备为达成目的能在瞬间谋划出复杂的阴谋诡计的天才本领，并且他们在恶行暴露之前，经常伪装成良善之人。因此他们常会获得当权者的信任，当权者会一直庇护他们，直至他们的恶行暴露。不过当权者通常最后也和这些恶人一起走向了灭亡。

　　吴、越和楚三国间错综复杂的长故事正是从一个恶人开始的。这个恶人埋下的火种不断燃烧，最终演变为一场浩大的复仇剧，将南方变成了一片血海。

1. 费无极，埋下了复仇剧的种子

灵王死后，楚平王登上王位。灵王虽然很昏聩，但总体上没有太大的过错。平王是通过发动政变获得的政权，所以他对舆论一直很敏感。而且他对灵王是在去征伐吴国时遭到自己的背叛最终死在他乡这件事一直无法忘怀，所以常会有"某天我可能也会那样"的想法。另外，平王是在被灵王灭掉的蔡国和陈国等国家的实力派的帮助下登上王位的，所以欠了他们很大的恩情。同时他还担负着拯救因灵王的失政而陷入濒危状态的楚国的大任。

平王遵守约定让蔡国和陈国复国，在国内则致力于处理好内政。幸运的是，国内似乎并没有觊觎他位置的人。但是外面的心头大患吴国却不断侵扰着楚国的边防。在晋国陷入很难再插手诸侯国间问题的境地后，吴国和越国间的争夺战开始愈演愈烈。特别是灵王折腾出来的残局，收拾起来也非常不易。

吴国正在以非常可怕的速度不断发展。公元前 529 年，吴国灭掉了州来，给楚国造成了很大威胁。州来虽然是一个非常小的国家，但是它地处淮河支流和颖水的交汇处，是水陆交通的一个要塞，因此对把汝水和方城当作是最后防线的楚国来说，这显然是一桩非常闹心的事情。因为这件事，陈国和蔡国等楚国的友邦国家，也开始看吴国的眼色。令尹子期请求立刻反击吴国，但是遭到平王的反对。

"寡人还没有安抚好百姓，没有祭祀好鬼神，没有修缮好防御设备，没有安定好国家，如果在这种情况下就使用百姓的力量的话，一定会失败，到那时后悔也没用了。州来在吴国，就跟在楚国一样。您先暂且等一下吧。"

平王施行了一系列革弊兴国的政策，让楚国重新找回了昔日霸主国的雄风。但是平王身边有一个名叫费无极的男人，他是太子的少师，也是平王十分信任的人。他看穿了平王非常害怕内乱的心理，于是从中挑拨平王与对自己构成威胁的能臣间的关系。平王原是一位非常有见识的国君，然而就像食醋能够融化铁碗一样，在费无极的谗言下，他逐渐变得麻木，并且他认为费无极没有离间的理由，因为他不是野心很大的人。

在平王继位的第三年，费无极显示了他的实力。他故意去接近在蔡国的朝吴。朝吴曾以复兴蔡国为旗帜出动军队帮助平王，为平王政变成功立下头等大功。费无极开始向朝吴抛出诱饵。

"君王只相信您，所以把您安置在了蔡国。您的年纪也不小了，可是依然地位低下，这是耻辱。您一定要去请求更高的位置，我也将帮助您。"

然后费无极又对官位在朝吴之上的人说："君王只相信朝吴，所以把他安置在蔡国，您几位从君王那里获得的信任根本比不上他，但是官位却在他之上，这不是很尴尬难堪吗？如果你们不尽快为自己谋划的话，一定会招致祸患。"

费无极抛出的双重火种没过多久就变为了熊熊火焰。蔡国的卿大夫们觉察到了威胁，于是将朝吴逐出蔡国，而朝吴在什么都不了解的情况，就匆忙逃到了郑国。那么接下来费无极是怎么向平王汇报这件事的呢？当时平王听到朝吴被驱赶到郑国的消息后非常愤怒："寡人只相信朝吴，所以把他安置在蔡国。况且如果没有朝吴的话，寡人怎么可能走到今天这个位置呢？你为什么要赶走他呢？"

费无极非常镇定地回答道："下臣怎么会不想要朝吴呢？但是下臣早就知道他有别的念头，朝吴在蔡国的话，蔡国必然会很快飞走。除掉朝吴，就是剪掉蔡国的翅膀。"

费无极是将"阴谋"的词典释义理解得最为透彻的人。他不是只进行单纯的诬陷，而是按照先后顺序，将人们推到陷阱里再慢慢地毁掉，而心里一直不安的国君也给费无极留下了很多可钻的空子。

那么费无极除掉朝吴能得到什么好处呢？对蔡国来说，除掉朝吴就好比在大战之前拆毁了城墙。吴国想要向西边扩张的话，务必要动用蔡国和息国的军队，如果蔡国不答应的话，结果当然会很糟糕。但是费无极的阴谋并没有到此为止。几年后，他又策划了另一个阴谋。

在《春秋战国·第四卷·夹缝求生》中提到了楚灵王以卑劣的手段诱惑、杀死了蔡灵侯，并将太子隐用作祭神的祭品。楚平王在蔡国人的帮助下杀死了灵王，依照约定让蔡国人复国。复国后蔡国的君主平公是死去的灵侯的弟弟。平公死后，其儿子朱继承王位。

但是如果蔡国当年不被灭国的话，应该是由原来的嫡统太子隐和其儿子东国一脉继承王位。因此东国产生了私念，并贿赂了费无极，于是费无极开始重新进行游说。而此时距蔡国驱逐朝吴不过才几年的时间。这一次他假借楚平王的名义，对蔡国大夫们进行了威胁，假称自己是可以自由调动楚国军队的人。

"现在的君王朱不听我国的命令，我国的君王将立东国为君王，如若不顺从我王的愿望，我国一定会包围攻打蔡国。"

蔡国人很害怕，于是赶走朱，立东国为国君。朱跑到楚国向平王控诉，不知实情的楚平王决定出兵平定蔡国国内的政变。费无极这时露出了他的阴险面，他以利益来劝诱平王。

"蔡平公和楚国有盟约，所以封他为蔡国国君。但是他的儿子有二心，所以才废掉他。灵王杀了太子隐，隐的儿子和君王有共同的仇人，一定会很感恩君王的。现在把他立为国君，不也是没关系的吗？而且废除、册立国君的权力掌握在君王的手里，蔡国不应该有其他的想法。"

在平王看来，这件事虽然稍微有违正道，但是为了社稷的安定，使用些这样的招数好像也未尝不可，并且这不是费无极自己看着办就可以的事情吗？就这样，费无极凭借巧舌如簧，左右了一国之君的意志。他的话虽然有些粗鄙，但是却透着苦涩之味。

另一边，蔡国虽然比较弱小，但是对宗主国楚国的这种肆意专横之行为感到非常痛恨。另外，虽然楚国的国力依然比较强大，但是世界也在不断变化着。

2. 伍子胥，携刀逃到吴国

费无极的才能如果只施展到这里的话，那么春秋的这场复仇剧可能就淡而无味地结束了。但是很遗憾的是，这个男人对自己的"才华"毫无吝惜之心。他永远都是首先除掉自己不喜欢的人，然后利用对自己有用的人，最后满足自己的私欲。接下来，他向楚国的世代名门伍氏一族发起了挑战。伍氏一族人才辈出，如楚庄王的勇将伍参、构筑了晋–楚两强体制的名臣伍举等等，在当时是实力和名望兼备的名门。而费无极将目标锁定在了伍举的儿子伍奢身上。

楚平王在继位之前，曾任被灵王所灭的蔡国的蔡公，后来趁灵王失政之机，率领蔡国的军队，成功发动政变登基为王。平王在蔡国时，太子建出生。太子建的母亲是镇守蔡国郧阳边境的封人之女，并非名门闺秀，所以太子建在守护强国楚国的太子之位上，可依靠的外戚之力十分薄弱。因此平王让伍奢来做太子建的老师，费无极为少师，而伍奢和费无极的恶缘也由此开始。

太子从一开始就不喜欢费无极，于是费无极决定先发制人。

"现在似乎到了让太子大婚的时候了。"

平王也有同样的想法，为了巩固太子的地位，欲让其与强国秦国秦哀公之女联姻。费无极以太子建的监护人的身份被派到秦国去迎亲。

秦女非常貌美。费无极于是抓住这个机会鼓动平王："秦女是位绝色美女，君王可以自己娶了她，然后为太子建另外娶妻。"①

平王非常宠爱此女。费无极的活动舞台也由此展开。此外费无极还挑唆平王疏远太子建。

"晋国能称霸，是因为它靠近中原各诸侯国（诸夏），但是楚国地域偏远，所以不能同晋国争霸。不如扩建楚国北部城父为大城邑，让太子去那里驻守，以谋求北方各国的尊奉，君王自己收取南方各国的尊奉。这样的话，君王就可以得到天下了。"

平王非常高兴，于是听从了费无极的话。太子建启程去城父建设大的城邑。城父现在位于安徽省亳州南部，距离当时楚国的国都非常远。费无极把太子建安置在那么远的地方后，接下来就有足够的时间来实施自己的阴谋了。同时楚国也在跟吴国争夺的战场州来建设城邑。熟知政治的人们对此齐齐叹息。沈尹戌曾做出断言：

"楚国一定会失败。过去吴国灭掉州来，子期请求攻打吴国时，君王说：'寡人还没有安抚好百姓。'现在与当时的情况一样，却要在州来筑城，去挑衅吴国，怎么可能会不失败呢！"

在沈尹戌身边的侍者反问："君王施舍恩德从不懈怠，让百姓休息五年。这样难道不能说是安抚他们了吗？"

---

① 这里的对话出自《史记·伍子胥列传》。以后引自《左传》的内容将不再单独注明。因为《左传》中虽然有关于事件的准确记载，但是有很多内容被省略了，所以需要引用其他史书的内容进行补充。只有当《国语》或《史记》与其他史书的内容相冲突的时候，才会单独注明出处，很多部分也将会被省略。其他的引文均会标注出处。

沈尹戌回答说："我听说，要安抚百姓的话，在国内要节约开支，在国外要树立德行，在国内百姓生活安乐，在国外没有仇敌。现在不断大修宫室，百姓时刻惊恐不安，辛劳疲乏至死没有人收葬，辛苦到连睡觉和吃饭都忘掉，这难道是安抚他们吗？"

平王完全被费无极蒙蔽，但楚国依然能够正常运转的原因是，楚国有很多能够管理政治和军事的人才。但是费无极一直想要除掉这些国家的栋梁之材。在太子建被遣往城父之后，费无极马上开始加速实施自己的阴谋。他再次觐见了楚王。根据《史记》记载，当时太子建离开后，由费无极事奉在平王身边：

"太子建和伍奢将要带领方城山外的人发动叛乱，他们自以为实力如同宋国、郑国一样，而且齐国和晋国又一起帮助他们，这将会危害到我们楚国，他们已经谋划完毕。"

平王相信了费无极的话。《史记》中还记载了下面一句话："太子因为以前秦女的事情，一直心怀怨恨。君王要做好防备。"

因为毕竟是自己的亲儿子，平王叫来太子的太傅伍奢进行确认。心直口快的伍奢直接斥责了平王：

"君王有一次过错就已经很严重了，为什么还要听信谗言呢？"

然而人一旦听惯了花言巧语，就很难再接受这种直言快语。平王最终还是相信了费无极的谗言，逮捕了伍奢，并下令让城父的司马奋扬杀死太子建。连审讯的过程都没有，父亲就让人杀死儿子，可见费无极的话所占的分量。

但是奋扬却先派人通知太子建逃走。建匆忙逃到了比较近的宋国。奋扬是一位志士，他被平王追责传唤时，主动让城父之人将自己押送到郢都去待罪。平王大怒，审问奋扬放走太子建之事。

"那个杀太子的命令，从寡人口中出来后就进到了你的耳朵里，是谁泄漏给太子建的呢？"

奋扬很坦然。

"是臣。大王曾经嘱咐过臣'要像事奉寡人一样服侍太子'，臣愚钝，不敢有其他的想法。臣遵循了大王先前的嘱咐（事奉），没忍心执行大王后来的命令（杀死）。于是把太子放走了。虽然现在臣很后悔，但是已经没有什么用了。"

"那么，你怎么还敢来见寡人呢？"

"臣没有完成大王让臣抓太子的命令，如果再不来，就是再次违命了。况且哪里有能收留逃亡者的地方呢？"

楚平王在这位刚直的汉子面前，稍微找回了些理智。

"你还是回城父去，像以前那样管理政事吧。"

费无极很害怕伍奢的儿子们，于是为了将伍氏家族连根拔除，他再次向平王进献谗言："伍奢的儿子们很有才能，如果他们到了吴国，一定会成为楚国的忧患，不如以赦免他们父亲的名义将他们召回。他们很孝顺，一定会回来，不然他们将会成为祸患。"

于是平王再次采纳了费无极的谗言，派人去召伍奢的儿子们回来。

"来的话，可以释放你们的父亲。不来的话，我就会杀了你们的父亲。"

伍奢有尚和员两个儿子，员的字为子胥。他们听到消息后愁容满面。《史记》中记载，兄长尚打算去见平王，伍子胥劝阻道：

"之所以要召见我们兄弟，并不是要释放我们父亲，而是害怕我们有人逃走后，会给他们带来忧患。所以以父亲为人质，骗我们兄弟二人回去，如果我们俩回去了，那么我们父子三人就都会被杀死，这对父亲的生命有什么帮助呢？我们都回去的话，那么就没法报仇了。我们不如投奔他国，借助他国的力量来为父亲报仇雪恨。如果我们都死了的话，那就什么都做不了了。"

于是兄长尚对伍子胥说道[①]：

---

① 《左传》中没有记载伍子胥所说的话，只保留了伍尚的回答。

"员，你去投奔吴国，我回到父亲那里去送死。我的才智比不上你，我能为父亲死，你能为父亲报仇。现在听到可以释放父亲的消息，不能不赶快回去；至亲被杀戮，不能没人为他们报仇。去送死而能让父亲得到赦免，这是孝顺；考虑是否能成功之后再行动，这是仁义；选择重任而前往，这是明智；明知必死而不躲避，这是勇气。父亲不可以抛弃，名誉不可以丢弃。员，你以后要好好努力。"

从这段简短的文字中，我们可以感受到春秋时代和战国时代鲜明的区别。如果说伍尚是春秋式人物的话，那么伍子胥就是战国式人物。春秋时代末期的人物在向战国时代初期的人物交代事情。不管是谁都必须要偿还自己所欠下的债，是战国时代的法则。

听闻儿子子胥逃跑的消息后，伍奢说了下面的话："楚国的君主和大夫们，以后只能在太阳落山后才能吃饭了。"

这是断言楚国君臣以后要在战场中苦苦煎熬，只能在夜里才能吃饭。而等待伍奢和伍尚的果然是死亡。

失去父亲和兄长的伍子胥逃到了吴国。[1]

《史记》中描写了伍子胥在进入吴地之前的狼狈情形：

伍子胥经过楚吴边境昭关，被追兵追到了江边（可能是长江），江上有一个渔翁驾着船。渔翁知道伍子胥很危急，于是就送伍子胥渡过了江。江的南岸是吴国的土地。伍子

---

[1] 根据后世的史书《史记》或半历史、半小说式的《吴越春秋》的记载，伍子胥先去了太子建逃去的宋国，然后在跟随太子建周游郑国、晋国的过程中，太子建因卷入间谍事件，在郑国被杀，之后伍子胥才逃到了吴国。但是根据成书时间更早的《左传》的记载，伍尚让伍子胥逃到吴国去，于是伍子胥直接就去了吴国。虽然在记录春秋时代的史书中，《左传》最具有连贯性，准确度也最高，不过这两个故事都具有一定的可能性。而且可以确定的一点是，伍子胥的最后目的地正是吴国。

胥渡过江后，为了表示谢意，解下身上带的剑要送给渔翁。

"这把剑价值百金，我把它送给您。"

但是渔翁不肯接受。

"按照楚国的法令，抓到伍子胥的话，可以赏赐粮食五万石，册封执珪的爵位，我怎么会想要这仅仅值百金的宝剑呢？"

伍子胥还没逃到吴国都城就得了病，只得中途停下，开始乞讨。当伍子胥到达吴国都城的时候，正是吴王僚准备举兵攻打楚国之际。

这样一位有着楚国骄傲的男人满怀怨恨逃到了吴国。父亲和兄长已经死亡，能让其再重新回到楚国的太子建也已经死在了异国他乡。

现在只能靠自己的力量来报仇了。在吴国，伍子胥找到了能够帮自己实现复仇的人，那就是后来被称为吴王阖闾的野心家公子光。

费无极的舌头就这样在盾牌上钻出了孔，将楚国的"名剑"送给了吴国。而在此之后，还有更多的人才死在了他的三寸不烂之舌下。当然，也有很多人才是因为伍子胥的复仇而死亡的。

第 3 章

腹里藏刀的男人

公子光

吴国公子光是一位性情如火的男人。虽然他心中充满不满，但是一直都在克制。自己本是能够威震四海的人物，但是因为命运开的玩笑，只能很无奈地退居幕后。他坚信只要将国家托付给他，他能让吴国立刻成为像晋国或楚国那样的强国。但是他无法成为国君，所以只能在战场上释放自己的积郁。

　　另外，他也是很豪爽利落的大丈夫。面对缠在一起的乱线团，他不是那种会选择耐心解开线团的人，而是那种直接抽出剑斩断线团的坚决果断的人，而且是在斩断线团后就不会再回头看一眼线团的残忍的人。

1. 吴国王位继承残酷史

　　一般认为吴国的王室是从北方迁徙而来的。据说他们的先祖是周太王古公亶父的长子泰伯。但他们不过是一小股异族势力，所以来到南方后，逐渐被当时南方的土著越族同化。于是他们也变为了"蛮夷"，几乎被中原人彻底遗忘。

　　但是寿梦（前585—前561年在位）在继任吴国君主后，吴国的国力日益强大，于是寿梦便开始自立称王。当然吴国之所以会很快强大起来，一方面与他们武装自己以便更好地抵抗楚国向东扩张有关，另一方面则跟晋国为了牵制楚国而大力扶持他们有很大关系。

　　寿梦相信自己所复兴的吴国的未来取决于国君是否优秀。寿梦有四个儿子，分别为大儿子诸樊，二儿子余祭，三儿子余昧，四儿子季札。他认为四儿子季札最为贤明，于是想把王位传给季札。但是季札既是一位贤者，又是一位仁者，他完全没有当混乱的吴国国君的想法。于是最后王位由大儿子诸樊来继承。在办完父丧后，诸樊想把王位让给季札，但是季札还是婉言谢绝了。

"曹国宣公逝世时，诸侯和曹国百姓都认为新君主不仁义（成公），于是准备立公子臧为君主，公子臧推辞并离开了曹国，以便让君位安定。君子们评价称'子臧能守节'，君主只是得到他应该得到的位置，谁又能敢将君主怎么样呢？成为君主是与我的志气相违背的事。我季札虽然不才，但是想效仿公子臧的气节。"

季札并不是表里不一的人，于是诸樊正式继承了王位。但是诸樊在攻打巢国时，因为贸然攻入城内，遭到狙击，中箭身亡。

当时的吴国尚未形成由嫡长子继承王位的传统。一般根据权力的形成过程来看，在王朝初期比较偏好由兄弟继承王位，在王权比较稳定之后，则是选择由嫡长子来继承王位。诸樊在留下由其二弟余祭继承王位的遗言后就死去了。不知道他当时是否有要将王位依次相传直至传给季札的想法。

余祭的命运比其兄长诸樊要更为崎岖坎坷。余祭让一个被砍掉腿的越国俘虏来守船。对俘虏施加体刑后将其变做奴隶来事奉主人的传统，从商朝起就很常见。那个瘸腿的男人在守船时看到余祭来看船，于是把愤怒的刀刃砍向了他，余祭因此而丧命。

接下来继承王位的就是老三余昧了。从这里可以看出诸樊要把王位传给季札的明显意图。余昧登上王位没多久也死了。

现在轮到谁来继承王位了呢？季札再次婉言谢绝了。其实季札对王位是真的毫无兴趣。当时他与中原的一些名士交往甚笃，齐国的晏婴和郑国的子产，甚至是晋国的许多名士都很敬佩季札的人品。屈狐庸是逃到晋国的楚人屈巫（申公巫臣）的儿子，曾被派到吴国，对吴国的复兴做出了重大贡献，他曾评价季札称："季子，是保持节操的人，虽然他应该享有国家，但是他不愿意做国君。（季子，守节者也。虽有国，不立。）"《吴越春秋》中记载了季札在谢绝继承王位之后曾经说的话：

富贵之于我，如秋风之过耳。

既然季札拒绝继承王位，那么接下来由谁来继承比较合适呢？当时吴国人选择了余眛的儿子僚。

公子光对此感到非常愤怒。他是寿梦长子诸樊的儿子，根据长子相承的原则，王位本应该从父亲诸樊那里传给自己。当然到现在为止，他也接受王位传给父亲的兄弟们的制度。但是在季父季札谢绝王位后，为什么现在才开始遵循长子相承的原则呢？不应该是传给身为寿梦的真正嫡长孙的自己吗？并且他之前就已经知道季父季札要谢绝王位。

因此他无法接受这一结果。"王位当然应该传给叔父季子（季札）。叔父既然不愿接受，不应该是由身为嫡长子的我父亲的儿子，也就是我来继位吗？"于是公子光暗中招纳有实力的贤能之士，这些人中就包括从楚国逃来的伍子胥。

2. 战场上铁骨铮铮的汉子

因为是寿梦的长孙，所以公子光显然是堂兄弟中年龄最大的一位。并且他在战场上充分施展着自己的才华，在与楚国的战争中常常冲在最前面。吴国和楚国的战争中有很多是水战。从吴国的位置来看，进攻时吴国需要逆水而上，因此喜欢偷袭。偷偷地逆水而上，袭击完敌军后顺着水流溜掉就可以了。但是从楚国的位置来看，楚国在战斗时顺流而下声势浩大，但是一旦失败，逃跑时因为需要逆流而上，所以会很困难。因此楚国喜欢规模相对较大的会战，而吴国则喜欢袭击战。

自从寿梦继承王位后，吴国和越国间的关系就一直形同水火，因为两国都不可能放弃长江下游的冲积平原一带。而吴国现在是由智谋超群的公子光来负责战争的前线。

公元前525年，吴国的新国君僚开始与楚国进行实力抗衡。吴国的船队逆江而上，收到情报的楚国新任令尹阳丐陷入了苦恼。要不要去迎战呢？最后因为实在无法决定，于是进行了占卜，占卜的结果为不吉。此时司马子鱼站了出来："我们地处上游，为什么会不吉利？而且按照我国的惯例，本来就应该由司马在龟壳上进行占卜，所以我请求重新占卜。"

楚国和吴国之间是世仇，楚国的司马是楚国内最豪放有气概的人。他在龟壳上祈福祷告。

"鲂（司马子鱼）带领部署出战战死，楚军主力跟上去，希望能打败吴军。"

果然占卜结果为吉。两军在长岸进行了激战。司马子鱼带领先锋队强袭了吴国军队，并在战斗中死亡，之后楚国主力部队到达。最后果然像占卜的结果一样，楚军获得了大胜，并夺走了吴国先王们所搭乘的有大楼阁的余皇号船。

楚军派参与作战的盟军随国人和后来到达的部队看守余皇号船，他们围着这条船挖了深沟并用水灌满，在靠船通往长江的路上填满炭，以确保敌人无论是从陆路还是水路都不能靠近该船。由此可以看出这艘船所具有的象征性意义。

吴国的公子光非常着急。因为弄丢了祖父的船，回国的话一定会获罪，如果因此失去了民心，那么将来他的野心将很难实现。于是他鼓起勇气游说席间众人。

"丢掉先王坐的船，难道只是光一个人的罪过吗？大家也是有罪的。我请求大家帮忙把船夺回，以免去一死。"

于是大家全部都答应了。公子光想出了一个绝妙的主意，他选出了三个像楚国人一样头发比较长的人[1]，并且让这三个人偷偷地埋伏在船旁边，叮嘱他们："我喊'余皇'，你们就回答'在'。"

---

[1] 《史记·吴太白世家》中有太白跑到吴国"文身断发"的记载。可能当时吴国人会文身，头发很短。另外也有经常下水的人为了吓走蛟龙而在身上文身的说法，而剪短头发则可能是因为吴国地区很热。

这三个人悄悄地分别潜入到余皇周围的三面。到了晚上，公子光率领军队跟了上去，并大声喊："余皇！"

于是在船一面的人大声回答"在！"。

看护船的将士们于是涌向发出声音的那个方向。此时，公子光又喊道："余皇！"

"在！"

将士们于是又涌到发出声音的另一个地方去。

潜到楚国守卫将士中的三名吴国人，分别跑向三个不同的方向，楚军为了追逐他们就分散到了不同的地方。这时公子光带领军队突然出现，趁机击败了楚军。公子光在这里其实使用了声东击西的游击战术。他最终把被夺走的船又夺了回来。由此次事件也可以看出他是一位很有手腕的人。

3. 为了赢不择手段

伍子胥为了报不共戴天之仇，历尽千辛万苦终于来到了吴国。到吴国后，他马上去见了吴王僚，对僚说："现在攻打楚国的话，可以赢。"

但是公子光站出来反对。

"那个伍子胥的父兄被楚王杀害，他劝大王讨伐楚国只是为了报私仇罢了。不要相信他的话。"

伍子胥一眼就看出公子光是有野心的人。但是公子光假惺惺地避开与楚国作战的理由是什么呢？这个好战的人为什么不听熟知楚国详情的自己的话呢？伍子胥通过这件事彻底了解了公子光的真正心思，知道他是将野心隐藏了起来。

"啊！原来公子光深藏野心。"

这是为夺回被夺走的王位而切齿拊心的野心家和被复仇之火所

焚身的伍子胥的第一次交锋。但是这两人的真正命途尚未开始。伍子胥暂时躬耕于田野，并且把名为鱄设诸^①的汉子推荐给了公子光。

那么公子光会为了国家的利益而避开战争吗？

吴楚两国围绕州来而进行的激战似乎永远看不到尽头。在见过伍子胥三年后，公子光再次率领军队攻打了州来。楚国则派了司马薳越进行反击。薳越联合顿、胡、沈、陈、许等国军队来对战吴国军队。当时恰逢令尹阳丐殒命之际，楚军士气大减。因为这是一场规模非常大的战役，所以吴王僚也亲自到了战场。这时公子光站了出来："追随楚国的诸侯很多，但都是小国。它们并不想打仗，只是因为害怕楚国，所以不得不来。我听说'做事情，如果威严胜过感情，那么即便弱小，也一定会成功（作事威克其爱，虽小必济）'。胡国、沈国的国君年轻而浮躁；陈国的大夫嚣虽然年富力强但是顽固不化；顿国、许国、蔡国都很讨厌楚国的政事；而且楚国的令尹死了，楚军的士气一落千丈。虽然是七国一起出战，但是它们却不同心，而且统帅的地位低，又有很多受君王宠信的人，所以不能整齐号令，树立崇高的威信，因此现在进攻的话，可以打败楚国。如果分兵先攻胡国、沈国和陈国的军队，他们一定会率先逃跑。如果三国败退的话，诸侯军的军心就会受到动摇，一旦诸侯军陷入混乱，楚军也必然会拼命奔逃。请让先头部队卸掉装备，让楚军放松戒备，然后再让后继部队整顿师旅发起进攻。"

公子光到底打了什么主意呢？战争已经打起来，作为联合军左翼的胡、沈、陈的军队在远处看到吴军应战的情形感到很吃惊。三千名先头部队既没有穿盔甲，也没有拿武器，只是在胡乱应付。而这种前所未见的胡乱应付的队伍竟然就是吴国的先头部队，联合军虽然感到很不可思议，但还是很兴奋地向着这个松垮的队伍奔了过去。于是吴国的三千名士兵立刻就陷入恐慌中。这些人谁都不愿

---

① 《史记》中称专诸。

意再向前一步，干脆待在原地不动，甚至一些人直接转身往后逃。但是联合军在追逐这些人的同时，自己的军阵也完全打乱了。

而吴国的正规军队则在此时突然从后面攻上来。其中，中军由吴王指挥，右军和左军分别由公子光和掩余统领。由吴王和公子们站在船头指挥的吴国军队可谓是士气冲天。最后，胡国和沈国的君主在战争中丧命，陈国的大夫也被俘虏。另外，吴军还故意放走抓到的胡国和沈国俘虏，让他们逃到胡、蔡、顿国的军队里大声叫喊："我们的国君死了！"，而吴国军队则悄悄跟在后面伺机再次出击。

于是三国军队被打乱逃跑了，指挥中军的楚军失去了左右军，也陷入混乱中，最后也只能败逃了。南方的霸主楚国动用了所有依附他的诸侯国军队，最后却被吴国给打败了，在此之后，楚国的威势一落千丈。这次战斗就是历史上有名的吴楚鸡父之战。

那么，吴国那三千名不带任何装备，充当箭靶子的先头部队是些什么人呢？《左传》中称其为"罪人三千"或"吴之罪人"。这些人原是生活在州来附近支持楚国的，后来被吴国俘虏[①]。但是不管他们是囚犯还是俘虏，怎么可以把3000人当箭靶子来用呢？《左传》中将这记载成"囚犯三千"，其实是以"春秋笔法"为标准来批判吴国的处事方式。

在以后的吴越相争中，我们还会见到这种自杀式战术。这种战

---

① 根据《汉书·地理志》记载，春秋末期吴国的大本营会稽郡的人口数不过才130万。春秋时代，除了吴国外，越国也属于会稽郡，因此可推知吴国的人口数要比130万少得多。一般认为吴国大本营地区的人口数为50万左右，如果按照一半以下的人为壮丁来计算的话，其壮丁人数为20万左右。在20万人口中就存在3000名囚犯的话，那就意味着这个国家在政治上出现了严重的问题。显然这种可能性非常小。那么是《左传》的记载出错了吗？当然也有这种可能。不过也有可能这些人原是生活在州来附近的，后来投靠了楚国，再后来被吴国俘虏。如果是这种情况的话，就很符合常理了。

《汉书·地理志》中记载，春秋时代包含州来在内的九江郡的人口数为80万左右。但是不管怎样，如果晋国或者楚国使用数百或者数千名的俘虏来当箭靶子的话，一定会受到猛烈的抨击，并失去霸主的地位。

斗方式带有在春秋时代的战场中所看不到的残酷色彩。从此在战场上再也找不回以前齐桓公、晋文公、楚庄王所展示的义理或名分。为压制对方不惜把人当作箭靶子的时代到来了。

此时战国的大门实际上已经被打开。正是南方"蛮夷"吴国打开了这扇大门。而吴国的公子光则是一个为达成目的不择手段的人。

另一方面，死去的楚国太子建的生母依然生活在郧地，在这次战役中她曾给吴国军队做指路人。因为她认为楚国是杀死自己儿子的元凶。冬天慢慢来临了，吴国军队开始撤退，并带走了太子建的生母。楚国的司马薳越对此哑然失色，他马上去追击吴军，但是没能追上。薳越在大战中战败，并且弄丢了国君的夫人，于是决定自杀谢罪。身边的人苦苦劝阻：

"请立刻去攻打吴国救回夫人。"

"再次让国君的军队被打败的话，那么就是死了也无法赎罪了。弄丢了君王的夫人，没有不死的道理。"

最后薳越还是自杀了，楚国又失去了一位英豪。但是在此之后，还会有更多的楚国英才死在公子光的手里。

第 4 章

春秋时代衰亡的
征兆

当南方的吴国大败楚国的时候，中原又发生了什么事情呢？在楚国强大的时候，晋国采取了利用吴国来牵制楚国的策略。现在吴国取代了楚国，成为晋国新的心头大患。晋国东南方的诸侯国相比楚国更加害怕吴国，事实也证明吴国要比楚国更加野蛮和难以对付。

　　但是晋国并没有立刻采取行动。因为吴楚间的对决暂时不会对它产生影响，尚有一段时间可以观望事态的发展趋势。而且控制晋国政权的六卿之间竞争也日益激化，所以无暇去插手其他国家的事。此时六卿的势力已经压过了公室，稍不小心就可能会让国家分崩离析。

　　像这样能够调节中原诸侯国之间关系的晋国，因为自身国内问题，能力受到很大的限制后，很多问题就同时爆发了。宗主国周朝王室的混乱之象已经达到了不忍直视的地步。夹在陈国、吴国、齐国、楚国四大强国之间的宋国也爆发了内乱。更严重的问题是，在宋国发动内乱的势力分别将吴、齐、楚的军队拉进来，让宋国变成了一个诸侯国战场。

　　但是在这种情况下作为霸主的晋国却发挥不了任何作用。霸权体制下，理论上的支柱周朝愈演愈烈的混乱以及在诸侯国关系处理上世代坚守亲晋立场的宋国的内乱同时出现，使得晋国非常慌乱。而此时的吴国也拒绝接受任何的制约，与楚国展开了激烈的大战。

1. 宋国的内乱

在吴楚鸡父之战之前，作为中原的轴心国之一的宋国发生了内乱，这与周王室因问题升级而发生内乱的时期几乎一致。对晋国来说，宋国是其处理诸侯国问题时起着杠杆作用的国家。另外，宋国也是把霸主事奉得最好的国家。

宋国的华氏和向氏家族是像晋国的曹氏和智氏家族一样的名门望族。卿大夫的势力日益壮大必然会威胁到君权，于是君主和这些权门贵族间就会产生矛盾，这是中原封建国家的一个共同现象，宋国当然也不例外。相传宋元公是一个不讲信用且私心很多的人（无信多私），而且他特别讨厌华氏和向氏家族。虽然现在无法确定宋元公是一个什么样的人，但是可以断定他要除掉权门贵族的愿望应该是很强烈的。

被逼入绝境的华定和向宁等于是联合起来决定先发制人。他们诱捕了宋元公的很多儿子作为人质，并杀掉了其中一部分。同时将自己同族中不愿参与叛乱的人囚禁了起来，劝说他们也参与叛乱。

元公同样也抓了华定和向宁的儿子们作人质，试图跟他们进行谈判。

元公刚开始是哀求他们放掉自己的儿子的，但是在这一拉锯战的后期，他因为实在难以忍受愤怒，于是决定跟华定和向宁直接大战一场。元公杀死了华定和向宁的儿子们，对他们发动了攻击并获得胜利。于是华定和向宁等全部逃到了陈国，司马华费遂的儿子华登则逃到了吴国。

这样本想解决掉麻烦的华氏一族反而惹出了新的麻烦。华费遂有三个儿子：华驱、华多僚以及逃到吴国的华登。华多僚和华驱兄弟间相互憎恶，弟弟诬陷哥哥："华驱打算接纳逃亡的人。"

刚开始元公并不相信华多僚的话，但是华多僚多次进谗言后，元公最终相信了他的话，将华驱驱逐了出去。但是争斗并没有到此结束。这次华驱愤怒的家臣们不仅杀死了华多僚，而且还召集了外逃的华氏和向氏一起叛乱。最后发起叛乱的华氏和拥护君主的许多势力相对抗，形成了内战的局势。之前逃到吴国的华登，为了支援华氏也带领吴国的军队回到了宋国。而宋国国君则向齐国请求救援，于是齐国将领乌枝鸣也来到宋国都城为其守城。

于是宋国的内乱因齐国和吴国的加入演变为天下纷争。从吴国的立场来看，由于正围绕州来与楚国在争斗，因此扩大对宋国的影响力是当务之急，而齐景公因为一直想取代晋国夺得霸权，所以也派兵支援宋国。南方诸国则想让宋国的政策转变为以南方为重，所以在深思熟虑后选择支援叛乱者。想争夺霸主之位的齐国则选择支持宋国君主。当时作为霸主的晋国本应该支持宋国君主，但是这次这一角色暂时由齐国来担当。

乌枝鸣虽然只带来了一支小部队，但他是一位有勇有谋的将领，来到宋国后就指挥很少的兵将率先袭击了吴军并取得胜利。但是由于华氏家军和吴军人数要比宋军和齐军多太多，所以宋元公打算逃离宋国。

厨邑大夫濮劝阻宋元公说："臣是小人，可以为君王您死，而不能护送君王您逃亡，请君王等待一下。"

于是就巡行全军说："挥舞旗帜的，是支持国君的将士。"

于是众人都挥动旗帜，宋元公看到这一情形后，下城巡视说："如果国家灭亡、国君暴死的话，怎么可能只是寡人一个人的耻辱，这也是各位的耻辱。"

齐国乌枝鸣提出一个更加极端的方案，说："使用少量的兵力时最好是一起拼命，一起拼命时最好是撤去沉重的装备。他们的武器很多，我们不如都用剑和他们作战。"

于是宋齐联合军全部都卸掉了装备，只拔出剑与敌人战斗。在战斗中取得先机非常重要，华氏家军和吴军被对方骇人的士气吓倒，最后在士气上被压倒的他们大败而逃。濮将砍下的人头用裙子包裹好扛在肩上，在众人间边跑边呼喊道："杀死华登了！"但实际上华登此时并没有死，此战之后他回到了吴国，并教授吴军中原的战术。

那么中原的霸主晋国此时在做什么呢？既然是霸主，难道不应该插手这次事件吗？但是当时晋国并没有插手，而且众史书中也都没有提到当时晋国对这次事件的态度。这是因为当时晋国的卿大夫们都在忙着谋求更多的实际利益，而且他们也不是会为了这种乱七八糟的争斗而耗费自家族军的单纯之人。

事实上，在这场争斗结束后开始出现了名义上的霸主。宋齐联合军在竭力守城的时候，宋国公子城也终于率领晋国的援军赶到。公子城用箭射死了华氏方军队的统领华豹，大大动摇了华氏一方的阵营。于是华氏为了赢得战争开始向楚国求援，楚平王应允了这一请求。但是在楚军准备出发的时候，华氏族大败就已经成为定局。楚军刚一出发，宋元公就向楚军派去了使臣，说："在我们国家的君臣每天都在浴血奋战之际，即使君王下令'我一定要帮助叛臣一方（余必臣是助）'，我们也只能认命。但是有一句话是'不要从动乱人家门口经过（唯乱门之无过）'，君王您如果要施恩保佑我们国家的话，就请您不要帮助那些引起祸乱的大逆不道之人。"

然后宋元公使臣提出了将华氏交给楚军的方案，即楚军想要救华氏的话，将其带回楚国就可以。最后，发起叛乱的华氏和向氏族人全部逃到了楚国，这次事件也暂且告一段落。但是晋国在这次宋国之乱中的机会主义举动，使其以后作为霸主活动的范围大大缩小了。

2. 周——衰落家门的遗产之争

这发生在宋国内乱刚结束之际。

公元前 527 年，晋国智氏家族的荀跞去周王室参加周景王王后（穆后）的葬礼。葬礼结束之后，荀跞遭到了周王的诘难。周王用鲁国进贡的壶为酒杯，对荀跞说道："伯父①，诸侯们都有带礼器进献给王室，为什么只有贵国什么都没有带呢？"

荀跞向副使籍谈作揖请他回答。籍谈回答说："诸侯们受封的时候，都从王室接受了明德之器来镇抚国家，所以能把彝器进献给天子。敝国处在深山，与戎狄为邻，远离王室，天子的恩泽触及不到，应付戎人还来不及，又怎么能进献彝器呢？"

他们被戎狄驱赶到东边去做周王室的屏障，周景王居然还向他们提出这种要求，因此他们的回答中带有些许的埋怨。

"叔父，你忘了吧？叔父唐叔（晋国始祖）是我们先王成王的同胞兄弟，难道会没有分得赏赐吗？"

接下来景王陈述了一大段过去晋国获得的赏赐，竟然将晋文公也搬了出来。

"襄王所赏赐的大辂、戎辂、斧钺、黑黍酿造的香酒、红色的弓、

---

① 可能是因为荀跞是晋国政卿家门之首智氏家门的嫡子，即是智伯，为了表示尊重而称呼"伯父"。

勇士，贵国的文公都接受了，还接受了南阳的土田，安抚和征伐东边各国，这不都是分得的赏赐吗？王室对有功勋的人不会抛弃，会将有功劳的人载入史籍，用土田来奉养他，用彝器来安抚他。"

另外周景王还搬出了籍氏的祖先。

"从前你的始祖孙伯黡掌管晋国的典籍，所以称为籍氏。你不也是掌管典籍的他们的后代吗？为什么会把那些忘了呢？"

籍谈无法回答王的话。客人退出去以后，周景王又添了一句恶言："籍谈不会有后代！举出了典故却忘记了自己的祖宗。"

遭到诘难的籍谈回国后，把这件事告诉了叔向。叔向对此评论说："天子恐怕不得善终吧？我听说'人必然会死在自己喜欢的东西上（所乐必卒焉）'。现在天子反而把忧患当成欢乐（因此会死在自己所喜欢的忧患中），如果因为忧患而死，就不能说是善终。天子在一年中有了两次三年之丧，在这个时候和吊丧的宾客饮宴，又要求彝器，把忧患当成欢乐也太过分了，而且不合于礼。彝器的到来，是因为嘉奖功勋，而不是因为丧事。三年的丧礼，虽然贵为天子，服丧仍得满期，这是礼。现在天子即使不能服丧满期，饮宴奏乐也太早了，这不合于礼。礼，是天子需要遵循的纲常，现在天子一下子失去了两种礼，这是不知晓纲常。言语用来思考典籍，典籍用来记载纲常。现在天子忘记了纲常，言语却很多，就算是举出了典故，又有什么用？"

叔向所言非虚。后来周王室上演了不忍直视的闹剧，失去了宗主国的道义，表现出了落后于时代的认知，最后只能靠晋国来收拾残局。

公元前 520 年，周景王还没能完全定下王位继承人，就因为心疾复发而死去。周景王可以说是一位内虚外华的人物，虽然能力比较弱，但是思虑得比较多。而此时在南方，正是公子光率领吴国军队打算和以楚国为首的七国联合军展开最后一战之际。周景王生前虽然已经立了猛为太子，但是因为更偏爱庶长子朝，所以一直有换掉太子的想法，然而他在明确决定谁来做太子之前猝死了，没能完成作为国君的最基本的义务。

虽然猛继位后成为悼王，但是因为在先王生前不受宠，所以不能完全服众。于是支持悼王的阵营和支持王子朝的阵营间掀起了斗争。刘文公和单穆公最初是站在支持猛的阵营的，王子朝阵营则聚拢了拥有实职的官吏和先王的亲戚等以前的官员，这两派不断地发展各自的势力并最终演变为激烈的战争，在这一过程中刘文公和单穆公向晋国请求援助。

晋国并不想插手，但是却不得不插手。于是在冬天，晋国的荀跞和籍谈带领九州的戎族（陆浑戎）和南阳的兵将来周王朝示威，跟随刘文公和单穆公等将外逃的悼王（猛）重新送回王城。但是王子朝的势力也不可小觑，戎族的部队和悼王的军队也无法很快取得胜利，于是双方间的混战一直胶着着。虽然这场战事并没有影响到晋国的根本，但是晋国被这场混战牵制住，在其结束之前根本无暇顾及其他事。而此时公子光在鸡父大败司马蒍越的楚国联合军。

而中原的混乱状况在楚国被吴国打败之后也看不到能结束的迹象。悼王的军队胜利一次、王子朝的军队胜利一次的状态一直持续着。而悼王也在这期间还没有等到正式继位就死去了。

在周王朝的内乱持续了几年后，晋国再也无法坐视不管了。在不得不结束这一乱局的时候，郑国国君来晋国访问。于是，晋国的士鞅（范鞅）向作为使臣来访的游吉请教。

"该怎么对待周王室才好呢？"

游吉恭敬地回答。

"我这个老头子对自己的国家都不能操心了，哪里还敢去操心王室的事情呢？但是有人说过，'寡妇不忧虑纬线，而忧虑宗周的陨落（嫠不恤其纬，而忧宗周之陨）'。意思是说，周王室陨落后，祸患恐怕也会落到寡妇的身上。现在王室动荡不安，我们小国非常害怕。然而大国所忧虑的事情，我们哪里知道呢？您还是早作打算吧。《诗

经》说，'酒瓶空空，是酒坛子的耻辱（瓶之罄矣，惟罍之耻）'。周
王室不安宁，这是晋国的耻辱。"

士鞅认为不可以再对事态袖手旁观，于是和其他卿商议后决定
在第二年召集诸侯来处理该事。在这一年吴国和楚国再次发动了大
会战，而晋国显然无暇顾及。

公元前 517 年夏天，晋国在黄父召集了中原各国。那时主管会
合的赵鞅就是为强国赵国跻身战国七雄之列奠定了基石的英雄赵简
子。但是这位英豪并非像其祖父赵武一样具有一定要拥护晋国公室
的执念。他认为既然晋国最终会被众卿瓜分，那就一定不能让赵氏
成为替罪羔羊。

对于十分理性的他来说，吴楚之争不会对他造成什么损害。况
且，就算吴国和楚国暂时发生战争，只要不伤害到他的家门，那就
是无关紧要的事。现在保卫周王室和保卫君主这样的名分并不重要。

但是赵鞅的登场也意味着让周王室事件告一段落的人物出现了。
赵鞅很清楚这次事件的始末，他命令各国大夫向宗主国周的国君进
献谷物，建立侍卫队，并宣称："明年将出兵拥护国君。"

于是在第二年，晋军拥护周国的新国君敬王起兵。冬天时，晋军
攻陷巩国，驱逐了王子朝及其一族。王子朝一行带着王室的重要藏书
逃到了楚国。朝虽然呼吁众诸侯给予支援，但是众诸侯遵守与盟主晋
国的约定，不理朝的呼吁。于是宗主国的混乱局面落下了帷幕。

3. 晋国公室的两轴解体

日益衰落的不只有周王室，晋国公室也渐渐只剩下了空壳子。

祁氏和羊舌氏本是晋国的公族出身。在晋厉公受到栾氏的反击
而死后，悼公在卿大夫的拥护下登上了王位，他册封祁奚做中军尉
（即宪兵队长）以掌控君权。并且祁奚推荐了羊舌赤，于是羊舌赤

也担负起了守护晋国公室之任。但是随着晋国公室的不断衰弱，公室的姻亲氏族也开始各自寻求出路。羊舌氏虽然投靠了赵氏家门[①]，但是想将自己的家门从阴云中拯救出来还是远远不够的。

自担当中军尉的先辈祁奚以来，祁氏家门家风一直很严谨。公元前514年，阖闾成为吴国的最后一位国君，在其费尽心思攻打楚国之际，祁氏家门遭遇了一场大风波。

祁盈的家人祁胜和家臣邬臧做出换妻通奸的丑行。祁盈作为家门宗主对此难以容忍，去向司马叔游寻求意见。于是叔游规劝道："郑国的书中记有这样的话，'憎恶、丑化正直，这样的人非常多（恶直丑正，实蕃有徒）'。现在无道的人在位，您去操心这样的事，最后反而可能会招致祸患。《诗经》说，'百姓的邪恶很多，自己不要再陷入邪恶（民之多辟，无自立辟）'。暂时不要管这件事，怎么样？"

但是祁盈无法置之不理。

"这是在处理祁氏家门的私事，和国家有什么关系？"

于是祁盈准备逮捕他们，但是觉察到了苗头的祁胜先发制人，贿赂了荀跞。荀跞在晋顷公面前谗害祁盈，于是晋顷公逮捕了祁盈，做出了让其自断手脚的愚蠢之事。祁盈的家臣对此感到十分愤怒，于是杀死了祁胜和邬臧二人。这件事被放大为与国君对抗。那时叔向的儿子杨食我也因帮助祁盈受到连累，被一并诛杀，祁氏和羊舌氏家门遭受了灭顶之祸。

那么在此之后，祁氏和羊舌氏的土地都去哪里了？《左传·昭侯五年》中有记载，韩氏和羊舌氏"十家九县，长毂九百"。可见当时晋国的一个县大概可以有一百辆兵车。由此可知，县在紧急情况下可以出动四百匹马、三百名战车兵、数千名步兵和运输兵，具有相当大的规模。魏、韩、赵等晋的实力家门将祁氏、羊舌氏家门的

---

① 《国语·晋语》中记载了赵简子（赵鞅）和羊舌肸（叔向）的对话。赵鞅：鲁孟献子有斗臣五人。我无一，何也？羊舌肸：子不欲也。若欲之，肸也待交捽可也。

土地分割为十个县并进行了瓜分。但是公室却一寸土地也没有得到。

像这样，晋国的卿们相互间展开了角逐，每当有食物时就会争先恐后地去争抢。公室对此虽然心知肚明，但却无能为力。因此当吴国和楚国之间发生战争时，各有算计的卿们当然不会同心协力去管这件事。

而在这不过几年的时间内，南方已经发生了无数重要的事件。吴国公子光往返于战场和本国间，暗自韬光养晦，而伍子胥也在静待时机。中原却对此没有进行干涉。

第 5 章

心怀怨恨的伯嚭
亡命吴国

在晋国失去中原霸主的权威和势力的时期，楚国也因为与吴国的激烈战争而在南方失掉了霸主的威势。特别是因鸡父大战失败而气势大挫的楚国，逐渐选择以防守为重点。并且在这一过程中埋下悲剧种子的平王去世，年幼的昭王登上王位，但是杀死伍奢致使其儿子伍子胥逃离楚国的费无极，却又一次用奸计害死了楚国的英才郤宛，致使伯嚭逃到吴国。天生小人费无极杀死了所有不顺从自己的人，他这种恶行的后果不是年幼的昭王和贪婪的令尹囊瓦所能承担得了的。

1. 城墙无法保护楚国

自古以来，楚国人经常外出应敌，准确来说是他们在外面寻找敌人。情况非常不好的时候，也不过是率领吕或者申（现在河南省南阳）的军队在防御东北的方城迎战敌人而已。因此在方城外战斗是常事。如果方城出现问题的话，靠在襄樊（襄阳和樊城）间的汉水阻拦就可以。

用兵车攻打被汉水和长江环绕的楚国都城郢非常难。至少在春秋时代从技术层面上来看基本上是不可能的事。如果想攻克被水环绕、通过泥泞的低洼地才能到达的楚国都城的话，一定要有非常擅长水战的步兵和优秀的向导，并且愿意付出巨大的人员伤亡。当时在北方拥有这种技术和战斗意志的国家几乎不存在。

但是吴国登场后，局势发生了急剧的变化。他们乘船顺着长江和淮河逆流而上，然后从船上下来步行行军。所以他们没有一定要通过方城的想法，也不需要用船来运载兵车和战马。并且他们也完全不遵守中原的战争规则。就算对方国家有丧事，只要有必要，他们也会去攻打；赢了对方的话，不管职位如何都可以直接杀死，甚至将囚犯用作箭靶子的事做起来也毫不手软。

鸡父之战大败后，平王很害怕。继阳匄死后成为新令尹的囊瓦也是致力于防守。在坚持只有城墙能阻挡步兵的思想下，楚国人最终选择了用城墙来防御吴国。新任令尹囊瓦开始在郢都修建城墙。但是对于那些将先祖伟业铭记在心的战略家来说，修建城墙只是懦弱没出息之人的借口。沈尹戌对囊瓦建城这件事评价道：

"子常一定会丢掉我们的国都，如果没有实际守卫的能力，增修城墙是没有什么帮助的[①]。本来是天子亲自阻挡四方的蛮夷，但是天子的力量变弱后，由诸侯们来守卫四方。诸侯们虽然阻挡了四方邻国的势力，但是当他们的力量也变弱后，就只能守卫在四方边境。如果他们能慎重地守卫四方边境，与四方邻国缔结友好关系，让百姓在自己土地上安居乐业，春夏秋三时的农事都有所收获，国内没有内忧，国外没有外患，哪里还用得着增修城墙？

"现在因害怕吴国而在国都增修城墙，守卫的是最小的范围。这样只能守卫这弹丸之地，都城能不失守吗？从前梁国君主因畏惧大国而在公宫旁边挖沟，最后百姓都离他而去。百姓们如果抛弃了他们的君主，国家怎么可能会不亡呢？划定疆界，整顿土地，巩固边垒，亲近百姓，明其五侯[②]，不欺邻国，谨慎官吏的职责……修整自己的防御，以防备发生意外，又有什么可害怕的呢？

"从若敖、蚡冒到文王、武王，我们的土地也不过百里见方，但

---

① 《左传》的原文是"苟不能卫，城无益也"。"卫"指的是"占领了高地阻拦人的去路"，即在包围大本营的要塞来进行阻拦的意思。因此这句话的准确解释是事前在都城外面进行阻拦。

② 这是非常含蓄的语句。杜预注：使百姓组成伍，相互监视（使民有部伍，相为候望），但是根据该文脉络来看，这个注解似乎是错误的。东汉的贾逵把"伍"看作五，注解称"五候指的是五个方位（东西南北中）的气候。将历法付于百姓，使知时令变化，不误农时（五候，五方之候也，敬授民时，四方中央之候）"。现推测为是与国防有关的语句，可理解为"外部的情况（候）"。

是他们认真地守卫四方边境，尚且不在郢都增修城墙。现在我们的土地超过几千里见方（数圻），反而在郢都增修城墙，这不是很难堪的事吗？"

在拥有雄心壮志的豪杰沈尹戍看来，原先那种没有国境依然能统御四方的才是国防之精髓。如果只能依赖众诸侯或者衰弱到只能靠众诸侯来守卫国境的话，就应该更加慎重地守卫好国境，怎么可以退缩到只想守卫国都呢？如果用城墙来保卫国都的话，就会失去国都外的人心。沈尹戍掌握了之前楚国变强的精义所在。

当然跟楚国相似的大国以防万一而增修城墙也并非坏事。但是沈尹戍深知囊瓦的品性。囊瓦没有深谋远虑，只是根据情况做出应对，他不知道得民心的根本，跟深感责任重大去努力处理政事相比，他更热衷于聚敛财物。

增修城墙的第二年，吴楚边境地带发生了一个事件。根据《史记·楚世家》记载，在吴楚国境，吴国名为卑梁的村子的小童和楚国钟离的小童因为桑叶而打了起来，这个事件后来上升为边境邑兵间的对战。楚平王亲自带领国都的军队来到了这里。楚军沿着长江顺流而下灭掉卑梁后就直接回去了。为了灭掉一个小小的村子，一国之君竟然动用了国兵，这样做非常不合适。沈尹戍对这个事件再次嗟叹。

"这一趟，楚国必然会丢掉城邑。不安抚百姓也就算了，还让他们疲惫劳苦，吴国没有什么动作，却先去招惹它。吴军紧紧追逐我军，但是我们在边境却没有戒备，城邑能不丢掉吗？"

果然吴国军队赶来报复时，楚王已经带着军队离开了。于是吴国人就把居巢和钟离全部变为废墟后才退回。沈尹戍再次忧心道："丢掉郢都的开端就在君王的这次行动中。君王一个举动就失去了两个姓的将领（居巢和钟离的长官），照这样来几次，怎能不让吴军兵临郢都城下？"

楚平王在那之后就开始在边境积极增修城墙。郑国游吉看到楚国为了对抗吴国而在淮河一带积极修筑城墙时，说了一句意味深长的话："楚平王快要死了。不能让百姓安居在原来的土地上，百姓必然会很忧虑。这种忧虑以后会延及到君王的身上，君王恐怕活不久了。"

2. 罪魁祸首的死亡和新的祸根

在东征后不过两年的时间，楚平王就死了。他最初虽然不是平庸之人，但是因为久居上位，耳根变得非常软。他除掉利欲熏心的灵王登上王位，本来就众望所归，在政事方面也无可厚非。虽然在与吴国的战争中多次失败，但是还不至于会动摇整个国家的根本。然而他没能除掉灵王留下的祸患之种，反而助长了给楚国带来致命危机的祸根，幸运的是，他没有等到残酷的后果，生命就结束了。

果然大国犯下的过错要累积几代后才会遭遇危机。楚平王留下遗言，将王位传给由年轻的秦国妻子生下的壬。此时被楚平王驱逐、辗转于他国的太子建早已命丧郑国。平王死亡的年份是公元前516年，娶秦女的时间是在公元前523年，所以太子壬的年龄最多只有七岁。

平王死后，令尹囊瓦很担心。他并不想遵循国王的遗言，于是提出建议："太子壬太弱小了。他的母亲不是正妻，而且本来是王子建所要娶的人。子西（平王的庶子申）年长而且好施善行。立年长者合乎情理，立良善者才能治理好国家。君王顺理，国家太平，能不努力去做吗？"

但是子西听到这样的话非常愤怒："这是扰乱国家，诋毁先王为恶人。太子的母亲来自大国，不可以轻侮。君王有嫡出的继承人，不能扰乱顺位秩序。赶走亲人（秦国）、招来仇敌、随意更换嫡统的继承人，这很不吉利。如果我继位为王，一定会蒙受这些污名。即使把天下交给我，我也不会接受，又岂会接受楚国的王位呢？我一定要杀死令尹。"

子西非常具有王子的威严，令尹对于子西严厉的话语感到非常恐惧。子西是年幼的太子壬同父异母的兄长。于是不足十岁的小孩子在兄长的帮助下当上了大国楚国的国君，他就是楚昭王。那么这个小孩子能收拾好亡父留下的烂摊子吗？

3. 伍子胥和伯嚭在吴国重逢

埋下祸根却撒手人寰的人还有一个。楚平王失政的忠实帮手费无极后来怎么样了呢？国君年幼，令尹囊瓦贪婪，这让费无极施展奸计的空间得以大大扩展。他再次做出了谗害楚国栋梁的行径，这次他将目标锁定为左尹郤宛。

郤宛是从北方晋国迁移而来的家门的后裔。他为人正直而谦和（直而和），很受百姓爱戴。另外他还是一位卓越的战术家，在这一年的夏天呈上了断绝吴军退路、抓住吴国众公子的战果。但是当时正值吴国公子光（阖闾）为了实现自己的野心，发动政变杀死吴国国君之际，于是郤宛遵守作战规避对方国家内乱的大义，撤退了军队。

鄢将师与费无极非常厌恶郤宛。囊瓦贪婪而且容易听信谗言。于是费无极开始在囊瓦面前诬陷郤宛："郤宛要请您喝酒。"

然后又对郤宛说："令尹要到您家里去喝酒。"

郤宛很单纯，回答道："我是卑贱之人，不足以事奉令尹。令尹如果真要前来，赐给我的恩惠就太大了。我没有东西能进献，怎么办呢？"

费无极说："令尹喜欢皮甲武器，您拿出来，我来替您挑选。"

费无极挑中了五件皮甲、五种武器，然后对郤宛说："你把它们放在门口，令尹到来时就会看到，然后乘机献给他。"

当令尹来的那一天，郤宛把皮甲武器整理好后挂在了门口。但是那天费无极先去见了令尹囊瓦并对他说："我几乎让您遭祸，郤宛打算对您行凶险之事。他把皮甲和武器都放在门口了。您一定不要去。况且这次潜地的战役，本来楚国可以打败吴国，但是郤宛受了贿赂，撤退了回来。他欺骗我们的将领，命令他们退兵，说什么'乘人动乱而进攻，不吉祥（乘乱不祥）'。吴国乘我们有丧事（平王的丧事）时攻打我们，我们乘他们动乱去攻击，有什么不对的吗？"

囊瓦让人到郤宛家去查看，果然发现了皮甲。于是囊瓦叫来鄢将师，直接就下令去攻打郤宛。鄢将师又增加了一手，让人放火烧郤宛的家。郤宛听到消息后，既没有辩解，也没有对抗，直接自杀了。他不是那种像鼠辈小人一样要制造混乱的人。但是国内的百姓都不肯放火烧郤宛的家，鄢将师十分恼火。

"如果不烧郤氏，你们就和他同罪惩治。"

这时有人拿来了席子，有人拿来了稻草，但是都被国人给夺去扔掉了，谁都不愿意再站出来。鄢将师最终没能烧掉郤宛的家，回去告诉了囊瓦，于是囊瓦亲自过去烧了郤家，杀掉了郤氏所有的族人和亲戚，并且还杀了与郤宛亲近的阳令终和晋陈以及他们的子弟①。

---

① 郤是此前楚国不常见的姓氏，可见郤宛明显是外地人。《史记》中记述了后来为吴国做事的伯嚭离开楚国逃到吴国的情形。"宛之宗姓伯氏子及子胥皆奔吴"（《史记·楚世家》）；《左传》中记载，"楚之杀郤宛也，伯氏之族出。伯州犁之孙嚭为吴太宰以谋楚（定公四年）"，在郤宛被害时，"尽灭郤氏之族党（昭侯二十七年）"。

因此大致可以确定郤氏与伯氏为同姓，但可能是因为当时分为不同的支派，所以分别使用郤和伯不同的姓氏。《吴越春秋》中误把伯州犁当成了郤宛，《史记·吴太白世家》中记载，伯州犁被楚灵王杀死时，伯嚭逃到了吴国，这与《楚世家》中的内容相矛盾。《史记》的错误是在引用各种资料的过程中所产生的，但是《吴越春秋》的记载明显是错误的。后来的小说《东周列国志》把伯嚭当成了郤宛的儿子，这明显也是错误的。如果伯嚭是郤宛的儿子的话，《左传》中自然就不会记载为伯州犁的孙子奔吴，而直接写是郤宛的儿子奔吴了。

不过从历史的角度来看，不管是郤氏还是伯氏，他们都是从晋国迁徙而来的，后来在楚国担任要职后，受到了一部分楚国土著势力的谋害。而受到迫害的晋陈，从他的姓氏来看，也应该是从北方迁徙而来的。

在这次事件中郤宛的同姓伯氏家门中的伯嚭逃到了吴国。他是名臣伯州犁的孙子。这是在伍子胥心怀仇恨奔吴后，又一位人才心怀仇恨东逃吴国。伯嚭是一位文武双全的才子。

于是在经历伍参、伍举、伍奢几代人后，在楚国声名大振的伍氏名门的幸存者伍子胥，与晋国能人伯宗的曾孙、楚国忠臣伯州犁的孙子伯嚭，在吴国重逢了。两人心中都充满复仇的斗志。

正如在黑暗地方说话时还要小心老鼠一样（隔墙有耳），在舆论面前策划阴谋也迟早会被发现。费无极，他在黑暗中活动的时间实在是太久了。当国人们扔掉席子和稻草时，他的命数也到了尽头。被杀害的晋陈族人在国人面前大声呼喊："鄢氏、费氏以君王自居，祸乱楚国，削弱王室，蒙蔽君王和令尹来满足他们的私欲，令尹却轻易相信他们。国家将要怎么办？"

随着舆论环境的恶化，囊瓦开始忧心。之后舆论环境更加恶化，祭官在祭祀时，没有人不诅咒令尹。除掉这些阴险小人的时候到了。最后沈尹戌站出来对囊瓦说："左尹和中厩尹连自己犯了什么罪都不知道就被您给杀了。于是国人指责您，到现在也没有停止，戌很惶恐。仁爱的人杀了人即便能够掩盖指责，他也不会去做，现在您杀了人招致指责，而不考虑补救措施，这不是很奇怪吗？那个费无极是楚国的坏人，百姓没有不知道的。他除掉朝吴，赶走蔡侯朱，杀死太子建，杀害连尹伍奢，遮蔽君王的耳目，混淆君王的视听。平王温和、仁慈、恭敬、勤俭，本应该会超过成王、庄王而无不及。但是平王却得不到诸侯的拥戴，这是因为他亲近了费无极。现在费无极又杀了三个无罪的人，招致了极大的指责，几乎要牵涉到您身上了。您如果不想办法处理，将来要怎么办呢？鄢将师假传您的命令，灭掉了三个家族。死去的人都是国家杰出的人才，不曾失职。现在吴国新立了国君，边境一天天紧张。楚国如果发生了战事，您恐怕就危险了。睿智的人消除进谗言者来使自己安全，现在您反而爱惜进谗言者，让自己身处险境，您真的是太糊涂了。"

沈尹戌只是将舆论传达给了囊瓦而已。年幼的国君刚刚继位，令尹连审判都没有就随随便便地把官员给杀了。正如沈尹戌所说的，失去了民心的令尹招致国人极大的指责，使自己陷进了危险中，囊瓦很害怕。战乱时刻都可能发生，现在却把深得民心、能够带兵卫国的人给杀了。

"这是我的罪过，岂敢不好好想一下对策！"

在那年的秋天，囊瓦杀了费无极和鄢将师，并把他们的族人全部都灭了。种下诸多祸根的费无极就这样死了。

身在吴国的伍子胥和伯嚭听到这个消息慨叹不已。就因为这个不共戴天的仇人，他们二人才走上了绝路。

4. 埋在越国的逆转种子

在吴国还有老谋深算的敌手要对付，楚国竟然出人意料地让年幼的国君登上了王位。更甚者是，状况变得日益激烈严峻，他们却把将领给杀死了。代替年幼的王管理国家的令尹，没有远见又十分贪婪。楚国就只能坐以待毙了吗？

但是正如福兮祸所伏，祸兮福所倚一样，事情总是在某些时候就会出现大转机。虽然楚平王死了，很多人才也被谗害了，但是楚国依然埋下了三个福种。

第一个是昭王本身。他虽然是于忧患中取得王位的年幼国君，但是后来从孔子那里得到了"识大体"的评价。揭示这位年幼君主后来是如何渡过难关的也是本书的主题之一。

第二个是许多人才在平王和费无极死后，获得了更多施展才能的空间。国君年幼，因此需要扶持王室的人才；战争逼近，需要有能凝聚仁人志士的向心点。在国内，有辅弼年幼的君主、即使把天下送到他手里也不接受的庶公子子西，他的无私能够号令仁人志士；在国外，有管理军事要务的沈尹戍。特别是，沈尹戍是掌握国防要义的人，对主要对手吴国的情况一清二楚；他成为帮助子西的志士之一，后来在楚吴相争的决定期，充分证明了自己的实力。那么这个人又隐藏着什么秘密呢？这一点将在本书的后面继续介绍。

最后一个种子种在越国。楚国和越国的关系因为吴国在慢慢加深。从楚国的立场来看，越国是扰乱吴国后方的最佳选择，并且那块土地上的君主都很有野心。正如楚国变强后晋国和吴国联合在一起一样，吴国变强后，楚国和越国也准备联合起来。

楚平王死之前带兵到东边攻打卑梁时，越国大夫胥犴曾赶到豫章江（赣江）迎接平王，越公子仓向楚王赠送了带有楼阁的船，且亲自率领军队和楚王的船队一起行军，为回去的楚国军队助威。楚国的东进和吴国的西进使得豫章地区（赣江和鄱阳湖一带，现在的江西）在战略上的重要性更加凸显。这时如果通过越国来阻止吴国控制这一地带，显然能削弱吴国的发展势头。

楚庄王时，孙叔敖开辟了淮河下流一带，并且不断东进。现在楚国想在鄱阳湖一带与吴国大战一场，楚国君王不可能不想得到仅次于洞庭湖的广阔的鄱阳湖。楚平王和吴国结了仇，但是与越国结成了同盟。在越国埋下的种子果然生长得很好。似乎也是在此时，楚国很多人才趁着楚越同盟的暖气流，迁到了越国。他们后来成为越国的重臣，在吴越相争的舞台上成为巨大的反转因素。

第 6 章

蛟龙出海
——公子光
发动政变篡夺王位

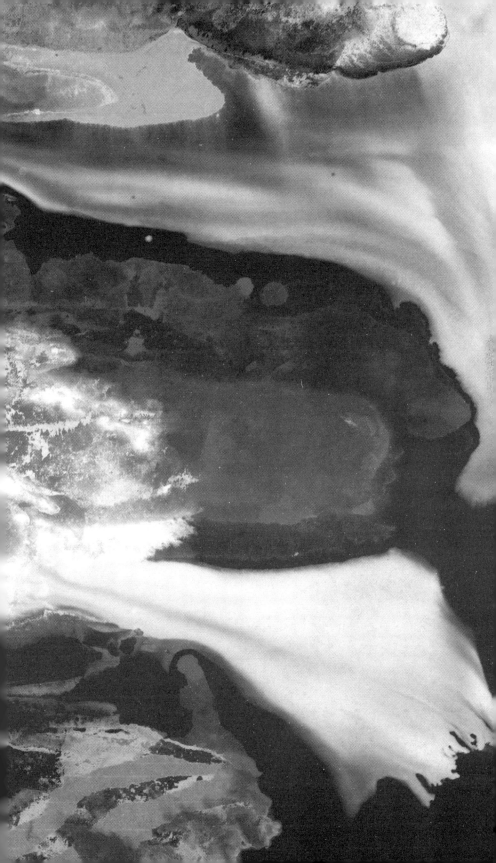

现在去看一下东边的吴国吧。

　　西边楚国的平王死后，他的儿子还很年幼，令尹是目光短浅之人。这些消息很快传到了吴国。吴国军队完全不顾及春秋时代的"如果对方国家有丧事就不能去攻打"的不成文规定。他们是一支打开了战国时代大门的冷酷无情的军队。在听到楚国君主去世的消息后，吴国王室立刻就展开了行动，一边让延陵的季札去中原取得诸侯们的同情，另一边则让可以信赖的公子们带兵向西边出发。吴军于公元前515年初夏开始西征。这次远征造成了巨大的影响。

1. 刺客的始祖：壮士鲟设诸

伍子胥向公子光推荐的鲟设诸不知不觉间已经成为公子光的知己。他是吴国堂邑人，家里有一位老母亲。那么伍子胥是怎么知道他的呢？暗中谋逆的人当然不会留下痕迹，因此史书中并没有详细记载。不过，在《吴越春秋》中有一段富有想象力的描写，我们可以看一下。

伍子胥离开楚国向东逃往吴国的时候，在堂邑见到了鲟设诸[①]。当时鲟设诸正要开始跟人打架，他当时很愤怒，似乎即使有一万人也阻挡不了他的怒气，但是当他的妻子叫了他一声后，如猛虎般的汉子立马就收敛怒气回家了。伍子胥看到了这一幕，非常不解，于是问道："你刚刚明明非常愤怒，为什么一个女子叫了你一声，就马上没了气势呢？有什么原因吗？"

———————————
① 《吴越春秋》中称其为专诸。

鲑设诸回答道："您看到我的外表，就断定我是个愚蠢的人了吗？为什么会说出这么鄙陋的话呢？能够屈服于一个人的人，将来必定舒展于万人之上。"

伍子胥仔细观察了鲑设诸的容貌。只见他眉额凸出，眼眶深凹，有着老虎一样的胸膛和熊一样的脊背，是敢于冒险的勇士样貌。于是伍子胥将鲑设诸推荐给了公子光。

就这样生活在底层的鲑设诸认识了吴国王室的野心家公子光。公子光对鲑设诸很信任，以士人之礼来款待他。

"是老天让您来辅助我这个没有能继承君位的嫡长子啊。"

鲑设诸问道："先王去世后，僚继位，这本就是他的职分，公子为什么要杀害他呢？"

公子光游说道："先王寿梦有四个儿子，长子诸樊正是我的父亲。二儿子是余祭，三儿子是余眜，小儿子是季札。因为季札的贤能，先王快去世的时候，将君位传给了嫡长子，希望能够通过兄弟之间的君位传递，最后将君位传给季札。但是季札叔父作为使臣出访诸侯各国还没有回来时，余眜叔父就去世了，于是国君的位子就空着了。此时有资格继承王位的不应该是嫡长子吗？嫡长子不就是我公子光吗？现在的国君僚怎么有资格继承君位呢？我势力薄弱，也没有辅助我的人，如果想要起事，不可以不任用有实力的人才。如果我夺取了王位，即使叔父季札回来，也不会废黜我的。"

鲑设诸是一个很戆直的人。

"为什么不派近臣去向国君僚解释清楚先王的遗命，让他知道国家的君主应该是谁呢？何必要私下准备刺客而抛弃先王的道义呢？"

在公子光看来，鲑设诸是一个不知世情的人。

"僚本性贪婪，是一个依仗强力之人。他唯利益至上，只懂进取，不懂退让。所以我要寻找与我志同道合、齐心协力的勇士。现在能够明白我的心意的人只有您。"

鲑设诸说道："您说的话非常大逆不道。那么您究竟想要干什么呢？"

"我的话并不是大逆不道。这是关系到国家社稷的谋划。一般的小人是办不到的。这是要付出生命代价的大事。"

鱄设诸现在要怎么做呢？公子光是谁啊？他是在战场上眼睛眨都不眨就牺牲了三千名罪犯性命的人。鱄设诸又怎么会听不出他话里的意思呢？为了守住秘密，杀死一两个草野村夫、野人，对他来说其实并不算什么。是帮他做完事再死呢，还是不帮他做事一直担惊受怕呢？公子光虽然擅长使用阴谋诡计，但是也有坦率的一面。只要自己一人死，全家都可以一生平安无忧。也或许是感激一国王子对自己这一介草民的诚意，总之，鱄设诸答应了光的请求。

"我将听命于公子您。"

"时机还没有成熟。"

勇士现在义无反顾。

"如果想要杀死国君，一定要先找到他喜欢的东西。吴王喜欢什么呢？"

"喜欢美食。"

"喜欢什么美食？"

"喜欢吃烤鱼。"

于是鱄设诸就出发去了太湖，花了三个月的时间努力学会了烤鱼的做法，然后静心等待公子光的命令。

上面就是《吴越春秋》中有关鱄设诸的故事。

鱄设诸本不过是路边一个打架斗殴的人，并不是十分厉害的人物，但是他在打开战国时代大门上发挥了重要的作用。《史记》中有为刺客写的列传，第一个人物就是让管仲和齐桓公也很恐惧的鲁国曹沫①。不过，曹沫虽然持刀挟持了人质，但实际上并没有杀人，

---

① 《春秋战国·第一卷·春秋纷争》中采用了《左传》中的名字曹刿。

并且他并非是因为个人私怨，而是因为诸侯国关系中的不平等待遇才奋起反抗的，当然他也没有因此而丢掉性命。司马迁只是为了均衡春秋和战国的比重而将其归到刺客一类的。其实，真正的刺客始祖正是鲼设诸。豫章、聂政、荆轲等这些在鲼设诸之后出现的刺客全部都因为与主君的私人关系而拿起了刀剑，在最后也都牺牲了自己的性命。暗杀是政治暗斗中最极端的一种形态，而战国时代是暗杀肆意横行的时期。现在，憨直的粗人鲼设诸被彻底卷入到公子光的阴谋中去了。

虽然《吴越春秋》带有小说的性质，但是可以推测出伍子胥是在物色相关人才时遇到了鲼设诸，然后告诉了他起事的谋划，并允诺了荣华富贵。鲼设诸虽然很凶猛，但是很单纯，这正是伍子胥和公子光想找的人。于是这位粗犷的糙汉子被卷入到了历史的激流中。

2. 鱼肠剑刺穿春秋

公子光是一位不惜一切手段来实现自己野心的人。

这一点跟吴王僚没有什么区别。楚平王去世了，于是吴国军队毫不犹豫地决定趁楚国举办国丧之机去攻打它。公子掩余和公子烛庸率领军队攻打六、潜两地（现在安徽省六安一带）。

但是这次会怎么样？楚国不会愚蠢到一而再、再而三地被同样的攻击所伤。当时楚国的莠尹然和工尹麇带兵营救潜。左司马沈尹戌带领国都的贵族和管理王马的军队与莠尹然等带领的军队会合，在穷地与吴国军队对峙。虽然令尹囊瓦率领水军抵达了沙汭（现在的安徽怀远一带）后又折返回去，但是左尹邰宛率领水军沿着江逆流而上到达了潜。虽然成败乃兵家常事，但是将一个国家的军队如此完美地堵在河道里则绝非易事。

吴国水军想退往淮河，但是退路已被彻底堵住。前方楚国都城的军队和地方军队也在逼近。吴国军队趁楚国祸乱之机贸然赶来，结果却遭到楚军的彻底围堵，只能全军覆没。

在国君的军队前后被堵截危在旦夕的时候，吴国的国都发生了什么事情呢？吴王僚听到军队被困的消息后非常着急。现在如果想要拯救被困军队的话，就必须要重新派兵船去淮河包围楚军，但是不能保证被困军队能坚持到兵船赶到。另外，再派出军队的话，都城就没有军队防守了。然而吴王的堂哥公子光却暗暗欢喜。

"我不能失去这次机会。"

现在国君的军队在前线，自己如果发动政变，将没有保护国君的人。于是他偷偷叫来了鱄设诸。

"中原的国家有一种说法，'不去寻求，如何能得到呢？（不索何获）'我本是要继承王位的嫡子，现在我要寻求这个位置。如果成功的话，就算季札叔父回来了，也不能再废掉我。"

鱄设诸凄怆地说："我可以杀死吴王。但是我母亲年纪大了，儿子还很小，我不知道该怎么安置他们。"

这位憨直的汉子提到他的家人后，公子光马上向他保证道："我，就是你，我替你照顾吧。"

于是两人做好了约定。公子光最终还是牺牲了一个壮士的性命。公子光确定了举事的日子后，就邀请吴王来自己家做客。

公子光在地下室埋伏了甲兵，做好了招待吴王僚的准备。吴王僚对公子光的野心其实一直非常警惕，当天的酒宴氛围可谓杀气腾腾。

吴王让甲兵们全副武装地坐在通往公子光家的道路两旁。公子光的大门、台阶、里门、座席上，也都是吴王的亲兵。护卫手持短剑站在吴王两旁，端菜的人需要在门外先脱光衣服，然后再换上别的衣服，跪着进入房内，并且其身子两侧都是拿着铍（刃长而窄的枪）的护卫，刀尖几乎刺到身体，只要端菜的人露出一点儿痕迹，铍就会立刻刺进他的胸膛。因此这情形反而更像是被刺杀的人是公子光而非吴王僚。当时公子光假装脚痛躲进了地下室，然后在那里收到了自己事先安插好的护卫兵们的暗号。

那时正好是吴王最喜欢的菜上桌的时候。护卫们让厨师脱下自己的衣服换上准备好的衣服。厨师很听话地按照护卫的吩咐做了。然后厨师要跪着把放在盘中的烤鱼呈到吴王僚面前。护卫的刀尖紧贴着他的胸两侧。在为吴王呈上烤鱼的那一瞬间，吴王的身体终于在攻击的范围之内了，于是鱼设诸冷静沉着地从鱼肚子里抽出剑，马上站起来向前猛刺吴王。天下壮士的腕力现在全都集中在了剑尖最锋利的一点上，再厚的铠甲也无法阻挡。剑被深深地刺入了吴王的胸膛里。谁也没想到在这么短的时间内居然会发生这样的事情。而几乎同时，两边护卫的刀也交叉插进了鱼设诸的胸膛。

好像就在等待这一瞬间的公子光的甲兵们，从地下室冲出来杀光了吴王所有的亲兵。关于这一天的事情，虽然没有更为详细的史料，但是可以肯定，吴王的大部分亲兵都在这一天被杀害了。在国家的军队在国外被敌人击败的同时，公子光杀死了既是自己堂弟也是国君的吴王僚。国家的混乱反而成了公子光等待已久的良机。鱼设诸则被乱刺一番后，成为一具冰冷的尸体。

于是公子光登上了王位，他就是不仅在当时的中原，而且在中国青史上也留下了赫赫威名的阖闾。鱼设诸当时所使用的剑在后世被人称为鱼肠

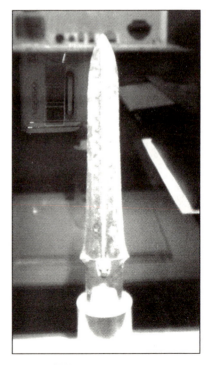

吴王阖闾的铍（湖北省博物馆收藏）

剑，大概是因为它是"藏在鱼肚子里的剑"吧。

阖闾封鲟设诸的儿子为卿。一个粗人又是刺客的儿子居然一跃成为卿，这在中原或者楚国是根本无法想象的事情。于是春秋的秩序因为一把鱼肠剑被彻底打破了。阖闾虽然是一个为达目标不择手段的人，但是他作为一国之主，也明白一定要遵守约定。他就像暗黑世界中的老大一样，背叛他的人要付出死的代价，但是对他忠诚的人也会得到丰厚的回报。鲟设诸用自己的性命将儿子推上了卿的位置。

现在到了季札回来的时候了。季札与中原人士交情很深，特别是和齐国的晏婴惺惺相惜。对于这次叛乱，他的态度跟晏婴很相似。因为他看重的是社稷，而不是王位。

"如果先代君主的祭祀不被废掉，百姓们不想要废黜君主，不将国家置于危险境地，那就是我的君主，我岂敢去怨恨谁呢？我只会哀悼死者，事奉生者，等待天命的安排。这不是我造成的祸乱，谁继位我就服从谁，这就是先人的原则。"

于是他去先王的墓前痛哭了一场，然后等待新君主的命令。季札就是这样的人。

那么，被围困在淮河上游支流的掩余和烛庸的吴国军队怎么样了呢？两位公子听闻吴国发生了叛乱后，一人逃到了钟吾国，另一人则逃到了徐国。如果这时楚军去攻打失去了主帅的吴军，吴军就会成为水里鱼或者荒野豺狼的腹中餐了。但是阻断吴国军队后方的楚国左尹郤宛，并没有趁吴国之乱趁火打劫的想法。他声称"乘人动乱而进攻，不吉祥（乘乱不祥）"，给吴国军队让开了退路。但是郤宛的这一善行却为他埋下了祸端。郤宛回到楚国后，被费无极污蔑为收受了吴国的贿赂，最后只得自杀而亡。于是春秋的战争规则在楚国也崩塌了。

阖闾夺得王位后，立刻就起用了逃到楚国的伍子胥和伯嚭。伍子胥开始积极往返于诸侯国间，建立反楚联合战线，后来成了太宰的伯嚭则致力于整顿内政。这实际上是一种以楚人攻克楚国的战略。另外，伯嚭的先辈族人还被羁押在楚国和晋国，因此他有很高的利用价值。

这两人成为双套马车，不断地给楚国制造麻烦，不给楚国喘息的机会。从战国时代中期起，从外地来的最高层政治人（即客卿）一直非常活跃，而这条通道可以说是由楚国出身的伯氏和吴氏打开的。如上所述，阖闾在开启战国大门方面发挥了巨大作用。

阖闾是一位十分冷漠的男人。吴国军队在淮河支流被包围几乎全军覆没的时候，他完全没有去救援的想法，反而把它当成实现自己目的的良机。他的野心和欲望是中原那些遵守礼仪的人所无法想象的。吴国军队被围困的经历似乎也给阖闾留下了很深的印象。顺江而下的楚国军队的反击速度非常快，从支流出去作战的吴国军队如果不想被包围的话，就必须在支流和干流的汇合处修建据点。在此之后，阖闾开始有条不紊地实施这项工程。

第 7 章

国家的建设者——阖闾

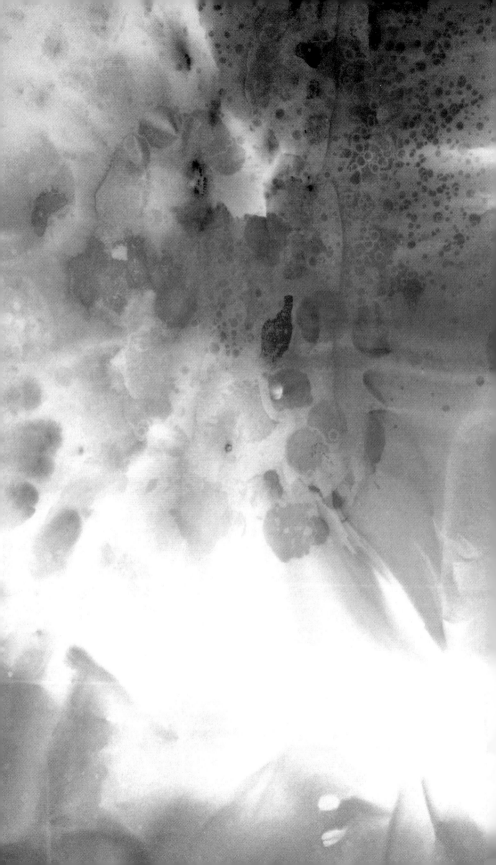

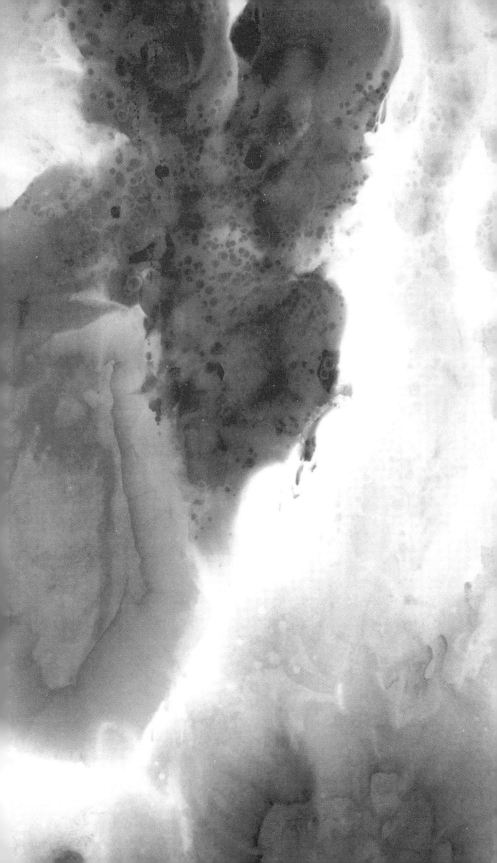

阖闾成为吴国国君后，非常担心楚国的威胁。他不仅好战，而且非常有手腕。在他还是公子时，楚国与他在战场上周旋就已经很吃力了。然而现在，他成了吴国的国君。

　　在阖闾继位的第三年，吴国督促徐国和钟吾国返还逃到这两国的掩余和烛庸。小国当然不能无视新兴的强国吴国，于是两位公子又逃到了吴国的敌国楚国。楚国给了他们规模很大的养邑，并派他们驻守边防，想在以后利用他们来攻打吴国。另外，还将防御吴国的重要根据地城父和胡的一部分封给他们，并帮他们修筑城墙。

1. 蛮夷之地的"文明人"阖闾

楚国的下任令尹人选子西（平王的庶子）告诫年幼的国君：

"吴国的新任国君光，亲民如子，和百姓同甘共苦，这是打算将来要利用他们。即便我们在边境竭尽全力与他们保持友好关系，都还要担心他们会攻打我们。现在我们却让仇敌更加强暴，让祸患增倍，这怎么可以呢？吴国是周朝的后代，却被抛弃在海边，不能和姬姓各国相往来。但是现在它开始强大起来了，可以和中原各国比肩了，他们的君主光又很贤能（光又甚文），准备让自己跟吴国先王一样。不知道将来上天会降下什么样的灾难。是灭亡吴国而使异姓大国扩大土地呢，还是要降瑞兆给吴国？不管怎样，再过不久就会知道了。我们何不暂且供奉好我们的神灵，安抚我们的百姓，静待事态的发展呢？哪里有先挑起事端的必要呢？"

需要注意的是，《左传》中出现的这句"光又甚文"。在古代，"文"是与自然或野蛮相对的人工的、系统性的东西，即文明的意思。因此这句话说的是，阖闾虽然是东边偏僻之地的蛮夷君主，但是他的天分很好，通过学习具备了良好的学识。因此对方不再是以前那种只会贸然行事的野蛮人，而是已经变成了非常文明的人，所以不可以再小看他们。

那么阖闾是如何在那么短的时间内获得"非常文明的人"这样的评价的呢？

2. 招纳敌国的人才

吴国虽然很久以前就已存在，但直到公元前 6 世纪后半期才迅速崛起。此时阖闾正在把吴国变为强国，首先需要一个强大的统治集团。统治权的核心当然是武力。当君主能够自由动用武力时，这个国家就会壮大起来。在与楚国的战斗中，吴国培养了大规模动员兵力的能力。接下来则需要能够利用好这些力量的人才。阖闾是一个心胸豁达的人。他不在意人才的出身，可以毫无芥蒂地重用敌国人才，将他们推上高位。其中伍子胥、伯嚭、孙武可以说是阖闾内阁的三大杰出人物。

委任伍子胥处理政事

离开楚国后经历了路边乞食、荒野露宿等各种苦难，终于到达吴国的伍子胥，是怎么得到阖闾青睐的呢？在记录春秋历史的最重要史书《左传》中，关于南方的记录被一笔带过，因为这部史书是由北方鲁国的史官所整理的，所以这点也可以理解。因此，只能依据野史《吴越春秋》来想象一下阖闾任用伍子胥的过程了。

阖闾委任伍子胥处理外交事务。因为以后如果想压制强大的楚国，外交会是决定国家生死存亡的大事。

"我想让吴国强盛起来成为霸王，应该要怎么做呢？"[1]

伍子胥流着眼泪给阖闾磕头。

"我不过是从楚国逃来的一个阶下囚。父亲和兄长被杀，他们的尸骨不得埋葬，魂灵不能被祭祀。我身负罪名，忍受耻辱，把性命托付给大王。大王不杀我，我就已经很幸运了，又怎么敢参与国家政事呢？"

面对伍子胥的推辞，阖闾再次恳请道："如果不是您的话，寡人不过是个拉着缰绳征战沙场的武夫。接受了您的教导，寡人才有幸走到了今天。您怎么可以中途改变心意呢？"

"臣听说'出谋划策的人为何要将自己置于危险的境地（君王身侧）呢？'如果问题解决、事态平定了，君主一定不会再亲近他。"

"这话是不对的。如果没有您，就再没有可以与寡人畅所欲言的人了，寡人又怎么会赶走您呢？我们国家地处偏僻的东南地区，地势险要，气候潮湿，还常遭受长江和大海的危害。现在国君没有什么防御措施，百姓没有什么依靠，仓库没有建立起来，田地荒置没有开垦，应该怎么做才好呢？"

"臣听说'治理国家时安君理民是上策'。"

阖闾听得很认真。

"想要安君理民的话，寡人应该怎么做呢？"

伍子胥是个说话很直接的人。他从一开始就提到了以国力和秩序为根基的霸业。

"凡是想要安君治民、建立霸业的人；想让近处的人臣服、统制远处的人，就一定得先修建城郭，设置防御设施，充实粮仓，整顿兵器库。"

阖闾听完很高兴。

---

[1] 由于《吴越春秋》是东汉时代的书籍，所以书中有很多春秋末期不使用的词汇，例如"霸王"，对话没有修改，直接引用了过来；书中也有很多具体的内容和年份失实，笔者则直接纠正了过来。另外，《吴越春秋》中还有很多其他史籍没有记载，但明显是依据于史料的描写，特别是有关地理或城郭部分的描写很多跟考古学的发现是一致的，可见它的内容并不是作者凭空捏造的。

"好主意！如果修建城郭和仓库，根据具体情况来确立适当制度的话，就可以依靠天命而凌驾于四方诸侯之上吗？"

"可以。"

"寡人就把这件事托付给您了，由您来制定好对策（寡人委计于子）。"

阖闾虽然是个不择手段的人，但同时也比中原的任何一位君主都要大胆果敢。只要是他看中的人才，都会果断地任用和信赖。《管子》等战国时代许多史书中都强调，如果发现有用的人才却不任用的话，还不如没有人才。这是为什么呢？因为如果发现了优秀人才却不任用的话，那么其他优秀的人才也就不会靠拢过来，甚至人才可能会流落到敌国去。

《战国策》中有"子胥忠于君，天下愿以为臣"的内容。对战国时代的很多客卿来说，伍子胥是最好的榜样。

阖闾现在采用的是战国时代"任人唯贤"的用人原则。阖闾彻底打破了《左传》和《国语》中一直强调的春秋时代"任人唯亲（即同等价值的话，使用亲近的人，将亲戚变为保护屏障）"这一封闭性的用人原则。阖闾十分信任孤立无援的亡命之徒伍子胥。楚国曾经因接纳了伯州犁而让中原很担忧，现在轮到吴国接纳伍子胥而让南方和中原担忧了。阖闾则因得到了圣人而十分高兴。

与伯嚭探讨国事

除了伍子胥，阖闾还启用了另一位楚国人才伯嚭。无数的野史或小说，甚至是正史中，都出现了以这个男人为素材的传奇故事，且故事的结局通常是这个男人被戴上枷锁抽打。先不论这个人的人品如何，我们现在来重新审视一下他的能力。这个男人的多面性并不亚于伍子胥，并且他在吴国担当的职责也不次于伍子胥。

根据《左传》的记载，伯氏一族在郤宛之乱时逃离了楚国，那时逃出来的伯嚭成了吴国的太宰。因此，伯嚭跟孤身一人的伍子胥不同，他是带领自己的族人来投奔吴国的。两人当然好过一人，众人当然好过两人。伯嚭虽然比较晚才到吴国，但是他的根基要比伍子胥深厚得多。我们再来看一下《吴越春秋》的记载。

阖闾问伍子胥："伯嚭是怎样的人？"

伍子胥回答道："伯嚭是伯州犁的孙子，在平王杀死郤宛后从楚国逃出^①，听闻我在吴国的消息后，就来到了吴国。"

阖闾听完伍子胥的回答后召见了伯嚭。

"我们国家位于偏僻之壤，东临大海。寡人听说您的先人遭到费无极的谗害，被楚王暴怒攻杀。您不远千里来到我们这个偏远的国家，是有什么要教导寡人的吗？"

伯嚭跪下回答道："我不过是楚国的一介亡虏。先人没有罪过，却惨遭横祸而死。我听说大王收留了穷厄亡命的伍子胥，所以不远千里来到这里，想将性命托付给大王。如果大王有什么需要我效力的，我将万死不辞！"

阖闾觉得伯嚭的遭遇很不幸，于是任命他为大夫来商计吴国的国事。对阖闾来说，伯嚭的家门和魄力等都很有价值。但是伯嚭并不是单纯地参谋国事，而是一跃成为吴国的太宰，这不是靠单纯的认可就可以解释的事情。那么伯嚭身上到底有什么是阖闾想要的呢？答案就是伯嚭是通达国家制度的人物。

太宰是什么样的官衔呢？根据《周礼》记载，太宰是天官之首，也叫作冢宰。太宰原来是执掌王室财政和祭祀的职位，在上古时代其权限非常大，不过到了战国时代，系统的官僚社会代替了王室的私权，太宰的权限也随之被缩小。但是在春秋末期，特别是在开始以王室为中心进行整顿官僚体制的吴国等国家，太宰的权限比中原任何国家的都要大。

---

① 楚平王没有杀死伯州犁，而是杀死了郤宛。《吴越春秋》的作者误以为伯州犁和郤宛是同一人。

伯嚭对晋国和楚国的文化和制度了如指掌，逃到吴国后成为阖闾的左膀右臂，担负起前半期吴国中兴的重任。虽然《周礼》的内容不能全信，但是太宰在建国时发挥着核心作用，这是毋庸置疑的。《周礼》中的记载如下：

惟王建国，辨方正位，体国经野，设官分职。

根据《周礼》，我们来看一下太宰具体要做的事情。在一个国家建国时，太宰担当着国家的设计者的角色。首先，太宰执掌建国的所有法令和典籍（掌建邦之六典）。所谓典籍指的是六典，即论述纲领、教育、礼式、政令、刑事、行政（治、教、礼、政、刑、事）等统治根基方面的内容。可以说，在建国时太宰是掌管从礼教到实务的指南书的官职。

太宰掌管的具体内容是：以八法治官府，以八则治都鄙，以八柄诏王驭群臣，以八统诏王驭万民，以九职任万民，以九赋敛财贿，以九式均节财用。另外，还包括以九贡致邦国之用。

当然，春秋时代，在中原国家或者楚国，太宰作为实务官职的重要性已经被大大削弱。楚国的令尹或者晋国的政卿接手了以前太宰负责的部分职责，太宰则集中负责祭祀和咨询。但是有一点很明显，那就是太宰所属的天官阶层依然是国家知识水平最高的群体。

伯嚭的曾祖父伯宗曾是晋国非常有名的睿智之人，他也因此而遭到谗害，从而让儿子伯州犁逃到楚国避难。另外，伯州犁在《左传》中被描写为楚国最知礼教、最有远见的人。这样的伯氏一族现在来到了吴国。由于太宰需要掌握的知识量太过庞大，而一个人很难同时具备这些知识，所以通常会有一个专家团体。根据伯嚭后来在官场平步青云的情形，可推测其伯氏一族正是在吴国扮演了这样的角色。

伯嚭是后来收受了越国的贿赂让吴越之战渐入佳境的人物。太宰是掌管邻国贡礼的职位，所以实际上很难确定伯嚭到底是不是把邻国觐送的财务占为己有，或者只是因为在这个位置上，才背负了这样的污名。总之，他是与伍子胥不相上下的人物，在吴国中兴过程中担当着中枢性的职位。阖闾就这样获得了伯嚭的知识。

委任孙武处理军事

阖闾单凭拥有了伍子胥的远见和伯嚭的知识，就能成为霸主了吗？伍子胥可以说是阖闾的心脏，伯嚭可以说是阖闾的头脑，而现在还需要能够成为阖闾四肢的人。阖闾依然毫不犹豫地启用了他国来的人，此人就是到现在依然很神秘的孙武。对于孙武，我们更为熟悉的应该是他的《孙子兵法》。《史记·孙武列传》中将阖闾和孙武的会面描写为一幕戏剧。

孙武是齐国人，以兵法闻名于世，受到了阖闾的接见。

"您的十三篇兵法寡人都看过了，可以演示一下如何指挥兵士吗？"

"好的。"

"妇人也可以吗？"

"当然。"

听到孙武的豪言后，阖闾交给孙武宫中的一百八十名美女。于是孙武把她们分为两队，让阖闾最宠爱的两位侍妾分别担任队长。将戟分发完后，孙武对她们说：

"你们知道自己的心口、左右手和后背在哪里吧？"

"是的，知道。"

"我说'向前看'，你们就看心口对着的方向；我说'向左看'，你们就看左手对着的方向；我说'向右看'，你们就看右手对着的方向；我说'向后看'，你们就看后背对着的方向。"

"是。"

孙武摆好执行军令的斧钺等，然后击鼓和挥动旗子发号施令。

"向右看。"

但是不知道军令的妇人们只当是玩笑，都哈哈大笑。孙武说道："纪律不明白，军令不熟悉，这是将领的过错。"

　　于是对妇人再次交代清楚后，又击鼓发令。

　　"向左看。"

　　但是这次妇人们依然还是哈哈大笑，于是孙武再次重复了军纪。

　　"纪律弄不清楚，军令不熟悉，这是将领的过错。但是现在既然已经清楚了纪律，熟悉了军令，却不遵行军令，这就是吏士们的过错了。"

　　于是就要砍掉阖闾两名宠妾的头。阖闾急忙阻止："寡人已经知道将军指挥兵士的能力了。寡人要是没有了这两个侍妾，吃起饭来也不会觉得香，请不要杀她们。"

　　但是孙子很冷静地回答道："我已经接受命令成为将领，将领在军队里，就算是国君的命令有时也可以不接受。"

　　孙武最后还是砍了阖闾两名宠妾的头，然后按顺序让两队排在第二位的人升为队长，然后再次击鼓发令。被吓住的妇人们听到击鼓后，不论是向左向右还是向前向后，都很严肃地执行。于是孙武向阖闾复命道："训练结束了。大王可以下台来检阅。大王想使用她们的话，即使让她们赴汤蹈火，她们也会拼死效劳。"

　　但是刚刚失去两名宠妾的阖闾一点儿也没有去检阅的心思了。

　　"请将军回宿所休息吧。寡人不想去检阅了。"

　　于是孙武回答道："大王只是欣赏我的理论，却不能将理论付诸实践啊。"

　　阖闾最后任用孙武做了将军。

　　此孙武正是因《孙子兵法》十三篇而出名的孙子。

　　到现在为止，《左传》或《国语》等原始史书或者其他战国时代的诸子百家著作中都不曾出现孙武的名字，因此很多人怀疑名为孙武的人是否真的存在。并且令人疑惑的是，在伍子胥和伯嚭的主导下攻打楚国这件事是确实存在的，吴楚大战也算是春秋末期的大事件，但是为什么没有出现一线司令官孙武的名字呢。因此有人猜测，孙武就是也有孙子称号的战国时代的齐国兵法家孙膑。

但是阖闾任用孙武是有历史根据的。近来，在山东临沂银雀山汉墓中同时发现了孙武的兵法和孙膑的兵法。因此，将孙武和孙膑区别开的《史记》的记载得到认可。因为如果是在汉代流行的竹简，那么至少它在战国时代末期就已经流传，所以在当时就已经将辅佐阖闾的孙武和齐国的孙膑认定为不同的人。

战国时代的兵法书《尉缭子》中记载："有提七万之众而天下莫当者谁，曰吴起也。有提三万之众而天下莫当者谁，曰武子也。"过去，《尉缭子》曾被贬低为后代的伪书，所以在证明孙武的存在方面起不到多大的作用。但是在银雀山汉简中也发现了《尉缭子》的残简，因此不可否认的一点是，《尉缭子》就算不是吴起的著作，至少也是战国时代所创作的兵书。

司马迁不可能没有任何根据地杜撰出一个孙武，战国时代的人和孙膑几乎生活在同一时代，更不可能会将孙膑误认为孙武。因此孙武是孙武，孙膑是孙膑。《左传》或《史记》都是在以中原为中心的记载中，插入了有关楚国的部分记载，因此没有详细记载南方"蛮夷"国家的人物并不奇怪。

阖闾，他任用齐国人孙武为一线司令官，委托他建立军队①。其

---

① 读者现在应该很期待著名的《孙子兵法》。但是可惜的是，《孙子兵法》并不是孙武的著作，而是战国时代兵法家们的著作，特别是现存的十三篇显然是在比银雀山汉墓竹简更靠后的时代编著的。《孙子兵法》中明显渗透了孙武的思想，并且内容上也包含描写春秋末期的部分。但是其中的任何一篇都很难看出孙武是兵书的作者，而且大部分内容描写的都是战国时代中期之后的事情，因此在了解阖闾的孙武方面很难发挥作用。但是我们将在以后的战国时代篇中见识到《孙子兵法》的多种面貌。《孙子兵法》和孙武之间的关系一直受到学界的关注。先秦时代学派们在著书时经常会借用鼻祖的名字，这使得情况更为复杂，比如《管子》，这本书显然不是管仲所著，而是管仲学派为管仲所立。但是《管子》至少可以确认是战国时代的书，《孙子兵法》是否为战国时代的作品，目前尚存有疑问。

他国家被抛弃的人才们现在遇到了大胆果敢、举世无双的吴国君主阖闾。今后楚国要与前所未闻的奇异军队大战了。

3. 城市建设者阖闾

仅次于楚都的吴国国都

阖闾是一位追求名实相符的野心勃勃的君主。《吴越春秋》中有如下记载。阖闾委任伍子胥来设计国都，伍子胥马上提出筑城。

> 子胥乃使相土尝水，象天法地，造筑大城。周回四十七里，陆门八，以象天八风，水门八，以法地八聪。

（接上页）根据银雀山汉简可以推定，《孙子兵法》曾在汉代广泛流传，因此应该是战国时代的著书，但是其具体创作时期仍然很难确定。可以确定的是现存的十三篇是在银雀山汉简之后编纂的。银雀山汉简比现存十三篇的篇名要多很多。竹简分类者们将其中与现在篇名不同的部分归类为《孙子兵法》下篇或者《孙膑兵法》。但是这一归类法也受到很多人的批判。首先现存十三篇与《汉书·艺文志》的"吴国《孙子》八十二篇"记载等就不一致。

另外一部分著名学者认为，近来出现的手抄本《孙武兵法》〔《张氏家藏手抄本》等并不是后来个人的伪书（曾任北京大学副校长的季美林也认为很难判断其是否为伪书）〕与《艺文志》中提到的八十二篇的篇题几乎一致。而且该手抄本与《孙膑兵法》也非常相似（笔者无法看到这本手抄本，所以无法多言）。但可以肯定的是，《孙子兵法》有十三篇的观点是缺少根据的，现存《孙子兵法》十三篇并不是孙武本人的著述。银雀山汉简中有现存流通版本中的《用间篇》，其中有"周之兴也，吕牙在殷……燕之兴也，苏秦在齐"的语句，这明显是描写战国时代中后期之后的情况。因此一部分学者推定《孙子兵法》并不是孙武的著作，可能是战国时代后半期孙膑学派编著。（参照王家祥：《从银雀山汉简〈孙子·用间篇〉看〈孙子兵法〉的作者与年代》，《简帛研究》）《孙子兵法》大致上是战国时代后半期兵法家们综合了前代兵法家的研究编撰而成的，要比现存的十三篇更为庞大。现存十三篇则是后人根据《史记》中孙武的十三篇重新编撰而成的。

无锡阖闾城　为了护卫吴国国都，伍子胥所建的城。

　　该记载引起了学者们的关注。首先可以确定的是阖闾曾建筑了大城。

　　因为通过《史记·春申君列传》中"春申君因城故吴墟"，以及"吾适楚，观春申君故城，宫室盛矣哉！"等记载，可知司马迁曾亲自到现场察看过阖闾城。由此可推知春申君所修建的宫室到西汉时代依然存在，其城基正是由阖闾所选。

　　战国时代末期在十万火急的情况下，春申君基本不可能会放弃当年吴国为了征战、防御所选的最佳城址，而另择新址。根据《史记》记载，春申君城是在原先旧城址基础上修建的，这与后代在战国时代的基础上无数次增筑万里长城是一样的。春秋战国时代筑城最先考虑的是攻击和防御功能。

　　那么阖闾真的建筑了方圆四十七里（一里三百步）的巨城吗？吴国真的具备那样的实力吗？这在东汉时期的《越绝书》中有更为详细的记载，"吴大城，周四十七里二百一十步二尺"。虽然《越绝书》和《吴越春秋》都带有小说的性质，但是当时那个地方的人可以直接看到实际的城，不太可能会撒那种一经实际测量就会戳穿的谎言。《吴越春秋》的作者赵晔或者《越绝书》的作者袁康和吴平，作为会稽人，明显都曾去吴国都邑寻访过。《吴越春秋》中有如下记载：

> 筑小城，周十里，陵门三，不开东面者，欲以绝越明也。阖闾欲西破楚，楚在西北，故立阊门以通天气，因复名之破楚门。欲东并大越，越在东南，故立蛇门以制敌国。

《越绝书》中则记载得非常详细：

> 吴大城，周四十七里二百一十步二尺。陆门八，其二有楼。水门八。南面十里四十二步五尺，西面七里百一十二步三尺，北面八里二百二十六步三尺，东面十一里七十九步一尺。（计算一下的话，可知周围不是四十七里，而是三十七里多。）
>
> 吴小城，周十二里。其下广二丈七尺，高四丈七尺。门三，皆有楼，其二增水门二，其一有楼，一增柴路。
>
> 东宫周一里二百七十步。路西宫在长秋，周一里二十六步。秦始皇帝十一年（公元前236年），守宫者照燕失火，烧之。
>
> 伍子胥城，周九里二百七十步。

该城背靠高地，沿着都城周围四通八达的水路，可以通达水军的重要停泊地太湖，最终与长江相连。

> 吴古故陆道，出胥门，奏出土山，度灌邑，奏高颈，过犹山，奏太湖，随北顾以西，度阳下溪，过历山阳、龙尾西大决，通安湖。
>
> 吴古故水道，出平门，上郭池，入渎，出巢湖，上历地，

今天的苏州城 战国时代，苏州一带扩展为楚国东部的据点。

过梅亭，入杨湖，出渔浦，入大江，奏广陵。

（……）百尺渎，奏江，吴以达粮。

根据一般常识，如果没有见过实物或者参考相关书籍的话，上述描写几乎是不可能的。吴国的国都是在确保水军能利用太湖、长江作战和通过人工水道与城内相连确保粮食调配的基础上设计的。这些有通往城内的水道以及城的规模等均与楚国国都郢相当，由此可以推测，该城可能是由逃到吴国的伍子胥和伯嚭等人主导设计的。

仅凭以上记载，令人难以信服的是城的规模和精巧程度。那么城真的存在吗？以前有学者认为现在的苏州城就是由伍子胥设计、阖闾修建的吴国大城。但是现在的苏州城完全是建在平地上的，与古代的都城城址不相符。避开低湿地、夹在丘陵间是都邑设计的基本。部分学者据此推测，能够俯瞰苏州市东部太湖的灵岩山山脚的城址应是吴国的都城①。

❶   ❷

❶从天平山俯瞰吴国的都城木渎城址的画面　因为雾，城址看不太清。

❷太湖边的湿地　伍子胥在太湖边修建的这座城是为了应对登陆战，防御后方。

---

① 参照钱公麟:《春秋时代吴大城位置新考》,《东南文化》1989 年 Z1 期;
陆雪梅、钱公麟:《春秋时代吴大城位置再考——灵岩古城与苏州城》,
《东南文化》2006 年 05 期; 等。

并且 2010 年，在对灵岩山一带进行大规模的发掘调查过程中，发现了实际上比楚国郢都规模更大的城址，名为"木渎春秋古城"。该城与汉代的记载几乎一致，具有直通太湖的水道，背靠灵岩山山脉，位于战略上非常重要的位置。更为重要的是该城的规模比记载的二十平方千米还要大，当然规模比楚国的郢都要大得多。

那么该城就是春秋时代吴国的都城吗？或者是在吴国的基础上由战国时代的楚国所增筑后的城？这座城确定是阖闾所修建的大城吗？它与阖闾的宫室在"高平里"，即在高而平坦的地区上的记载相一致，与"姑苏台上观太湖"的记载也一致。

作者曾亲自爬上灵岩山的天平山，俯瞰太湖和被猜测有吴国古城的盆地。天气好的话，可以一眼望到太湖西边，甚至可以看到东南平原上晃动的人影。如果是擅长打仗的君主，都会选择把都邑建在这个地方。

有记载称，伍子胥后来在与楚国的战争中曾回来在太湖边重新修了城。作者也去探访过该城，它实际上是为了应对登陆战、防御后方所修建的。因此从战略上来看，木渎城址很符合都城的选址。当然不知道以后会不会发现更大规模的城，木渎城也有可能不过是座出于军事目的而建筑的城。

但是毫无疑问的一点是，带领吴国走向全盛期的阖闾，在伍子胥和伯嚭的帮助下，修建了能威胁到楚国和中原的巨城，而且他们修建的是仅次于楚国都邑或者比它更大的城。

在现在的灵岩山和姑苏山之间的凹陷盆地上，胥江连着太湖，北塘河与苏州的平地相连，许多战船漂浮在太湖上，周围堡垒鳞次栉比。西边是太湖，南北是大车无法越过的山，东南有石湖挡住，通过胥江可以通往大海，而处于这样位置的就是吴国的都邑。只有东边平原上长长的城墙和城门是防御最弱的部分。如果阖闾是只满足一小方天地的人，他就没必要修建这么巨大的城了。这座城从一开始就是为了攻打、超过西边强国楚国而设计的。

4. 吴国的手与足——利剑与快船

没有人看到剑后不着急。两个持剑的人一旦打起来，就没有避开的可能，结局一定会是"不是你死就是我亡"。与躲起来射出的箭以及组成队列躲在盾牌后刺出的长矛不同，剑是武士和武士对决，誓要决出胜负时使用的武器。吴越两国的剑在春秋时代就已经在中原很有名了。

吴国人带来的步兵战术革命让剑的重要性更为提升。吴越剑的威名在众多典籍中都有相同的记载。

> 夫剑产于越，珠产于江汉，玉产于昆山。
>
> ——《新序》

现在仅刻有阖闾和其儿子夫差的剑、戈就发现了十余件。这些兵器有些是在山西省发现的，但是大部分是在战国时代楚国的国土和附近地区出土的。也就是说，楚国占领了吴国故地后，得到的宝物中名列收藏目录第一的就是剑。能快跑、力气大的步兵精锐部队，除了手里持着枪外，在腰上还会配有短剑，甚至水兵也会在腰上配着剑。吴国士兵以擅长短兵接战的步兵为主，他们都配有剑。锋利的剑刃更加增长了吴军的军威。

另一个令阖闾自豪的战争装备是船。吴国的船将快和大非常好地融合在一起。《墨子》中记载了下面一则有趣的事：

> 从前，楚国人与越国人在长江上进行船战。楚国人顺着水流来进攻，但是撤退时要逆着水流，所以进攻容易，撤退难；越国人逆着水流去进攻，但是撤退时是顺着水流，所以进攻

吴王光剑和剑的表面 吴王阖闾的名字是光。（上海博物馆收藏）

难，撤退容易。所以越国人见有利就进攻，见不利就快速撤退，屡次打败了楚国人。公输盘（鲁班）从鲁国周游到楚国时，发明了水战用的钩、拒设备，越国的船撤退时，楚国就用钩钩住它，进攻时就用拒推开它，并且他还根据钩与拒的长度，制造出配套的兵器。这样，战斗时楚国人的兵器适用，而越国人的兵器不适用，于是楚国人屡次打败越国人。

实际上越国和吴国为相同的民族，制度和风俗也一样，因此也可以将记载中的越国换为与楚国多次大战的吴国来看。很多人乍看到该记载会很不理解：越国逆流追击，楚国也是逆流逃跑，为什么楚国就会被追上呢？越国顺流逃跑，楚国也是顺流追击，为什么楚国却追不上呢？

想要做到这一点，越国的战船就必须要更快。吴越双方大战时也是水战，他们在跟其他国家战斗时也喜好水战。根据记载来看，他们战船的机动力非常好。另外，关于公输盘制造的兵器，简单来说就是长度更长的武器。当无法靠近也无法远离对方时，可以使用更长的武器来进行攻击。因为用短的兵器根本无法与吴越相抗衡。

我们来看一下右边这些描绘水战场面的图画。这虽然是由楚国人所画，但是考虑到水战是从吴国人开始的，因此它可以说是对吴楚都适用的图画。图中描绘的是紧挨着的两条船上的兵士用长武器攻击对方射箭的人以及抓着对方辫子用剑刺的场面。楚国人很害怕拿着短剑扑过来的敌人，因此制造出了能钩挂的长兵器来应对。另外，仔细看船的下面，可以发现两军的潜水兵也在对决中。他们显然都想把对方的船弄翻。战斗的一方如果使用了这种极端战术，另一方当然也要派出潜水兵来监视。而潜水的达人正是吴国人和越国人，而且他们都是光头。

像余皇一样的中军的巨大指挥船、逆着水流追击的左右翼军的快而小的船、潜水兵以及专业的老军组成了吴国的水军。以后我们还会看到吴国船队向西边出击的场面。

帝王的能力源自得人，武力源自准备。阖闾是强国吴国的伟大设计者。

水战图 细致描绘了战国时代杀气腾腾的水战场面。左上角的图片是刻着水战图的镶嵌壶。（河南汲县出土，上海博物馆收藏）

第 8 章

战争的策划者——伍子胥

一些人对是汉高祖刘邦利用了张良，还是张良利用了汉高祖这个问题一直争论不休。当然刘邦和张良间是彼此需要的关系，如果非要争出个结果，好像还是刘邦利用了张良。因为对刘邦来说，除了张良，他还有韩信和萧何。

　　那么同样的问题：是阖闾利用了伍子胥呢，还是伍子胥利用了阖闾？这次的答案好像是伍子胥利用了阖闾。对阖闾来说，伍子胥是张良、韩信和萧何的合体，或者说是他的全部。伍子胥从头到尾都是一个策划专家，策划了吴楚东西大战和吴越南北大战。那么，他到底有什么策略呢？

1. 彼出则归，彼归则出

公元前512年的冬天，阖闾攻打了没有答应归还公子掩余和烛庸的徐国和钟吾国。这其实是一种接下来要灭掉依附楚国的小国的宣言。吴国的步兵长驱直入，很快就灭掉了钟吾国，接着攻入了徐国。当时吴国军队采用了水葬徐国都城的残酷战术，记载称"防山以水之"。于是徐国君主只能投降，并且为了表达降服之意，还将头发剪成了吴国式的短发。

虽然阖闾没有为难徐国的君主，只是抓了他作人质，但是徐国君主无法忍受亡国的耻辱，逃到了楚国。吴国在攻打徐国的时候，虽然楚国的沈尹戌率领援军赶到，但是吴军还是以极快的速度灭掉了徐国，楚军根本来不及施救。为了防备吴军接下来的攻击，沈尹戌命人在夷修建了城，并让逃出来的徐国君主把守，然后就带领军队回去了。

这次作战结束后，阖闾对伍子胥推心置腹地说道："以前你说进攻楚国时，寡人其实也认为是可行的。但是害怕吴王僚会派寡人去远征，寡人不想去，但又不想让别人抢了寡人的功劳，现在寡人想要这份功劳了。如果要进攻楚国，应该怎么做呢？"

　　伍子胥答道：

　　"楚国执掌政事的人很多，而且彼此不和睦，没有人能承担得起阻挡外敌失败的责任。（楚执政众而乖，莫适任患。）我们如果编成三支部队攻打楚国，并且先只让第一支部队去攻打，他们一定会派出全部的兵力来应战。他们出击时，我们就撤退；他们撤退时，我们就再次出击（彼出则归，彼归则出），这样楚军一定会因为屡次出击、撤退而在路上疲于奔命。我们用这种多次出击、撤退的方法来消耗他们的精力，多方面误导他们。然后在他们彻底疲惫时，我们出动三军去攻击，一定会大胜。"

　　阖闾听了伍子胥的话很是叹服，因为这正是大卫打倒歌利亚的方法。伍子胥这种"彼出则归，彼归则出"的战术为战国后虚虚实实的中国式兵法奠定了理论基础。

　　伍子胥登场之前，中原也没有能攻克像楚国这种地处天然要塞的大国的方法。越过江去攻击，如果不能取胜，就会被彻底困住。所以汉水和长江是以战车和步兵为主力的中原军队绝对无法克服的障碍。因此齐国的管仲在召集诸侯军南下时，以及晋国的文公在国力强盛时，都不敢有越过汉水的想法。但是现在一个"蛮夷"国家居然计划颠覆大国楚国。

　　伍子胥是这个计划的设计者。伍子胥的战术是弱者攻打强者的战术，也就是游击战术。虽然伍子胥的战术具有重要的历史意义，但是因为记载吴国历史的史书遗失了，所以现在没有能够具体了解伍子胥游击战术的方法。幸运的是，1983 年，在楚国故都江陵的张家山西汉墓中，发现了背面写有"盖庐"的竹简堆。盖庐指的就是阖闾。虽然竹简中记录的是伍子胥对阖闾提问的回答，但真正的主人公是伍子胥。接下来，我们就去看一下伍子胥的兵法。另外，这部兵法中也包含了划分春秋时代和战国时代的重要线索。当时这位野心家和这位谋略家进行了如下的对话。

2. 伍子胥说游击

论天时

有一天，阖闾以学生的身份向老师请教[①]。阖闾是位愿意请教他人的君主。他从治国方法到用兵策略依次进行了请教。

[①] 《盖庐》中并没有记载阖闾是什么时间、什么地点进行的提问，只是提到了阖闾以学生的身份非常真诚地向伍子胥请教。《越绝书》中记录了阖闾得到伍子胥后的兴奋心情、把伍子胥奉为上客向他请教以及"圣人前知乎千岁，后睹万世"的期待感。《盖庐》也充分体现了阖闾的意图，其提问的核心是"如何攻打楚国"。《盖庐》中的对话发生在《左传》中所记载的有关游击战术的对话后的某一天。和《盖庐》同时发现的日历的日期停在"吕后二年（前186）"，由此可知，该墓的主人是公元前186年之后死的。这意味着张家山汉墓比发现《孙子兵法》的山东银雀山汉墓还要早。

虽然无法准确得知《盖庐》是什么时候创作的，并且它也不是照搬阖闾和伍子胥的对话，不过《盖庐》以吴国史书为基础进行创作的可能性非常大。其原因是：首先，《盖庐》与现在的《孙子兵法》不同，看不出被人整理过的痕迹，而且直接引用了原史料的感觉很强烈；其次，《盖庐》的内容与《左传》中提到的游击战术的概念完全一致，并且伍子胥关于必须攻打楚国的理由的论述反复出现。例如，《左传》中的语句"楚执政者众而乖"和《盖庐》中的"军众则眯，将争以乖者，攻之"非常相似。当然也很有可能是公元前3世纪以前某位精通古典和兵学的学者，借用伍子胥的话创作了《盖庐》。但是，即便真是这样，《盖庐》的作者至少也比现在的任何人都更深刻地了解当时的文献和伍子胥。本书承认公元前6世纪的某天阖闾和伍子胥讨论攻打楚国战术的可能性，参考的《盖庐》原本是中国张家山竹简整理小组所编撰的《张家山汉墓竹简》（文物出版社，2001）。

阖闾问："凡有天下，何毁何举，何上何下？治民之道，何慎何守？使民之方，何短何长？循天之则，何去何服？行地之德，何范何极？用兵之极何服？"

伍子胥："凡有天下，无道则毁，有道则举；行义则上，废义则下。治民之道，食为大葆，刑罚为末，德正（政）为首。

使民之方，安之则昌，危之则亡，利之则富，害之有殃。循天之时，逆之有祸，顺之有福。行地之德，得时则岁年熟，百姓饱食；失时则危其国家，倾其社稷。

凡用兵之谋，必得天时，王名可成，妖孽不来，凤鸟下之，无有疾灾，蛮夷宾服，国无盗贼，贤志则起，暴乱皆伏，此谓顺天之时。

黄帝之征天下也，太上用意，其次用色，其次用德，其下用兵革。"

这些话都对，但是阖闾岂会是听了这些话就满足的人呢？于是伍子胥继续说了下去。

伍子胥："央之所至，孰知其止？天之所夺，孰知其已？祸之所发，孰智知其起？福之所至，孰智知而喜？东方为左，西方为右，南方为表，北方为里，此谓顺天之道。乱为破亡，治为人长久。"

现在伍子胥打开了话匣子，开始滔滔不绝，甚至自问自答。

伍子胥："孰知？吾知。"

于是阖闾听得更认真了。

> 阖闾："何谓天之时？"
> 伍子胥："九野为兵，九州为粮，四时五行，以更相攻。天地为方圆，水火为阴阳，日月为刑德，立为四时，分为五行，顺者王，逆者亡，此天之时也。"

伍子胥提到了九野、九州、四时和五行。让人似乎明白了些什么，但似乎又什么都不明白。阖闾想了解更为具体的东西，也就是具体的战略技术。

论军阵

> 阖闾："凡军之举，何处何去？"
> 伍子胥："军之道，冬军军于高者，夏军军于埠者，此其胜也。当陵而军，命曰申固；背陵而军，命曰乘势；前陵而军，命曰范光；右陵而军，命曰大武；左陵而军，命曰清施；背水而军，命曰绝纪；前水而军，命曰增固；右水而军，命曰大顷；左水而军，命曰顺行。军恐疏遂，军恐进舍，有前十里，毋后十步。此军之法也。"

阖闾现在似乎是明白了一些东西。后山前水是兵家一贯强调的重点。以水为防御屏障的军阵当然要比背水的军阵好，抢占高地向下攻击当然要比费力爬到山上攻击要好。到这里，其实与一般的兵书并没有什么不同。

但是这里有一点很特别。在《孙子兵法》中似乎也提到了，一般的兵家都看重高地而避讳低地。夏天如果在低地布阵，因为湿气的原因，将士们容易得病；冬天如果在高地布阵，将无法抵御大风和严寒。因此这时可以去攻打无法正常布阵的敌军。

"右背高"又是什么意思呢？在平坦的地形打仗时，"右背高"这样的话也曾出现在《孙子兵法·行军篇》中。当然，有人可能会反问："'左背高'不可以吗？"曹操曾将孙子说这句话的理由简单解释为"方便打仗"。因为一般三军的右侧是车兵或者骑兵等突击部队，所以后人一般将"右背高"解释为方便主力部队攻击敌人的战术。但是右边也并非一定就是主力部队，左右其实可以根据情况任意变化。这里是不是藏着什么秘密呢？

虽然并不是十分肯定，但作者认为解开这个秘密的钥匙就在《盖庐》中的"左水而军，命曰顺行"和《孙子兵法·行军篇》中的"视生处高"和"前死后生"等语句中。《孙子兵法》中提到的"生处"可以结合本书中的"凡军好高而恶下，贵阳而贱阴，养生而处实，军无百疾，是谓必胜"等语句来理解。

生指的是养生，也就是不得病的意思。一般向阳、土壤硬实的地方有利于草木生长。当然这种地方一般会在通水的山岭或者是采光好的向南之地。我们现在来重新解读一下伍子胥的话。

"我们应该沿着长江和淮河向西攻打楚国。从东边到西边去时，不仅要沿着淮河，而且还要沿着河的北岸（因此左边是河）和丘陵地间的道走（因此右边是山）。这样将士们在夏天就可以很凉爽，在冬天就可以很暖和，不会得病，我们就能赢。"

因此，伍子胥"左水而军，右陵而军"的谏言，并不是在探讨单纯的阴阳五行，或者是为了让攻守更为容易，而是在讲攻打西边楚国的行军要义。并且伍子胥还强调在布阵时务必考虑到军心，因为向前进击虽然很容易，但是往后撤退将会很难，原因是在往后退的那一瞬间，士气就会颓废，军阵也会乱了。

阖闾听得非常尽兴。到现在还没有谁能够如此透彻地讲述军阵要义。阖闾心想，如果有这个人帮助自己，那么就可以实现自己在西边的宏愿了。

阖闾:"凡战之道,何如而顺,何如而逆;何如而进,何如而却?"

伍子胥:"凡战之道,冬战从高者击之,夏战从卑者击之,此其胜也!其时曰:黄麦可以战,白冬可以战,德在土、木、在金可以战;昼背日、夜背月可以战,是谓用天之八时。

左太岁、右五行可以战;前赤鸟、后背天鼓可以战,左青龙、右白虎可以战,招摇在上、大陈其后可以战,壹左壹右、壹逆再背可以战,是谓顺天之时。鼓于阴以攻其耳,阵于阳以观其耳,目异章惑以非其阵,毋要堤堤之期,毋击堂堂之陈,毋攻逢逢之气,是谓战有七术。

彼兴之以金,吾击之以火;彼兴以火,吾击之以水;彼兴以水,吾击之以土;彼兴以土,吾击之以木;彼兴以木,吾击之以金。此用五行胜也。"

伍子胥口若悬河。作战的关键在于,时间要选在不耽误百姓农事时节的吉日,且要在敌人正对着日月暴露自身、我军背向日月隐藏自身时出击。通过声东击西的战术来混淆敌人视听,敌人很强时就迅速撤退。这可以说是古代游击战的教科书。不去与对方的强项作正面较量,对对方的弱点进行彻底打击。并且如果对方兵力很强,就采用火攻的战术,当然偶尔水葬敌军也是被允许的。

论进退

现在阖闾整个人的情绪很激昂——终于问到了在战场上打仗的要义。接下来是行军。

阖闾:"攻军回众,何去何就?"

伍子胥:"凡攻军回众之道,相其前后,与其进退。慎其尘埃，与其縿气。日望其气，夕望其埃，清以如云者，未可军也。埃气乱孛，浊以高远者，其中有动志，戒以须之，不去且来。"

阖闾问："何如而喜，何如而凶？"

伍子胥："有军于外，甚风甚雨，道留于野，粮少卒饥，毋以食马者，攻之。甚寒甚暑，军数进舍，卒有劳苦，道则辽远，粮食绝者，攻之。军少则恐，众则乱，舍于易，毋后援者，攻之。军众则昧，将争以乖者，攻之。军老而不治，将少以疑者，攻之。道远日暮，疾行不舍者，攻之。军急以却，甚雨甚风，众有惧心者，攻之。军少以恐，不前不动。欲后不敢者，攻之。此十者，攻军之道也。"

吴国弱小，楚国强大。因此绝对不能与强大的楚国正面较量，而应该使用游击战术。当客观条件让敌人疲惫无力时，我方再出兵攻打。《吴越春秋》中有描写吴国和楚国客观实力差距的内容。当时，阖闾接连在东边战场上取得了胜利，于是想立刻去攻打楚国的国都。这时伍子胥和孙武做出了如下的回答。

楚之为兵，天下强敌也。今臣与之争锋，十亡一存，而王入郢者，天也，臣不敢必。

这是无法改变的客观事实，因此伍子胥一直强调游击战。当敌人疲惫，无法再战时，才是攻击的好时机。

论反击
阖闾想知道更为详细具体的内容——派出军队的话，难道不是跟敌人交战吗？如何能保证上天只给敌人带来麻烦？是不是应该去创造一些条件呢？现在要讲到激战的原则了，伍子胥的回答也更为细致。在攻击敌人时，要攻击敌人最弱的地方、不能相互帮助的地方、没有准备的地方，当敌人完全准备好时，要散开躲起来。

阖闾："凡击敌人，何前何后，何取何予？"

伍子胥："凡击敌人，必以其始至，马牛未食，卒毋行次，前垒未固，后人未舍，徒卒饥恐，我则疾呼，从而击之，可尽其处。"

进攻要在敌阵布置好之前、敌人动身之后。但是如果错过时机而敌人已经防备好的时候，该怎么办呢？让敌人动起来就可以了。

伍子胥："敌人待我以戒，吾待之以怠；彼欲击我，我其不能；彼则数出，有躁气，我有静志，起而击之，可使毋兹。

敌人陈以实，吾禺以希；彼有乐志，我示以悲；彼有胜意，我善待、我伏待之；敌人易我，我乃疾击之。"

简言之，它是一种消磨敌人锐气的战术。攻打敌人坚实的军阵时，我们故意先让轻武装部队去骚扰敌军，当敌人准备好等待攻击时，我们就等上更久的时间。即使此时敌人嘲笑我们，我们也要装成很弱小、很悲伤的样子；当敌人自信必胜时，我们也要隐藏实力耐心等待；当最后敌人小看我们，不认真准备就攻打过来时，我们再带领伏兵像疾风一样击退敌人。

论引诱术

现在伍子胥开始讲解引诱术。

伍子胥："敌人向我以心，吾以胠遇之；彼易胜我，我以诱之，敌人逐北，我伏须之。"

在大会战中以中军对打中军是常识，但是伍子胥却用右军来抵挡敌人的中军，中军反而在后方迷惑敌人。当机动性强的右军在对抗敌方中军时全部撤退的话，敌人肯定会贸然追击，这时埋伏好的中军突然发起进攻。这就是上面伍子胥所说的战术。

　　伍子胥："敌人来进，吾与相诱，数出其众，予之小利，合则去北，毋使多至，敌人逐北，必毋行次，彼有胜虑，我还击之，彼必不虞，从而触之，可使毋去。"

伍子胥现在说的是分散敌人兵力的战术。《孙子兵法》中强调，要攻击敌人不备之处，从中间拆散敌人队伍。伍子胥先助长敌人的自满心，然后在敌人被从中间拆散时，即先头部队和后卫部队彼此分离时，再进行反击。那么引诱战术真的对敌人有效吗？伍子胥是这样说的。

　　伍子胥："敌人来阵，我勿用却，日且暮，我则不出，彼必去，将有还志，卒有归虑，从而击之，可使毋顾。敌人出庌，毋迎其斥，彼为战气，我戒不斗，卒庌则重，众还不恐，将去不戒，前者已入，后有至意，从而击之，可使必北。我警皮彼怠，何为弗衰！敌人且归，我勿用追，使之半入，后者则摇，众有惧心，我则疾噪，从而击之，可使毋到。"

敌人撤退的时候，不要贸然追击，等先头部队回去了、后卫部队动身时，再出兵攻击。伍子胥的战术很精练扼要，他重新整理了游击战的要领。

　　伍子胥："两敌相当，我则必定，彼有胜志，我击其后。"

伍子胥在讲游击战时，从头到尾都在强调要避开正面对战。游击战的精义在于让我方很轻便、让对方很沉重。撞上敌人时就逃跑，甚至故意让敌人取得小胜利。所以游击战也是心理战。虽然在不断地挑衅对方，但是绝对不要与对方对战，甚至撤回时还要给敌人的后方制造一些非战争的麻烦。总之通过这种心理战来让敌人陷入恐慌。

但是这种方法在实际中可行吗？在伍子胥看来，吴国很轻便，楚国很沉重。因为阖闾和伍子胥的联手，吴军能够快速移动，但是楚国在做决定和做准备方面都很缓慢。并且还有一个至关重要的地理差异，即吴军没有必要移动，因为它在水的下游，也就是低的地方。楚国虽然进攻很容易，但是撤退时需逆流而上，所以很难逃跑掉。因此虽然楚国顺着水流下来的时候气势汹汹，但是失去胜机撤退时，其后卫军队就会陷入恐慌中。一旦处于恐慌状态，如果是陆军的话，情况还会好些；如果是水军败北，那么情况会非常糟糕。因为吴国的快船会用钩子勾住楚国巨大的战船，拿着短剑的精锐部队就会登上船。另外，即便是陆军作战，如果用船运输军粮和装备的话，情况也是一样的。

在游击战中需要设计者和执行者之间同心协力，否则战术就会失败。如果前方的指挥官在这种不像战争的战争中不服从指令的话，或者为了立功而擅自行动的话，这种游击战术就必定会失败。另外，如果将领在取得了一定的战绩后，为了树立自身的威信而放弃这种游击战术的话，战术的队形也会马上坍陷。

到现在为止，伍子胥和阖闾还是同心同力的。阖闾虽然有残暴的一面，但是他在用人时非常果敢，而且他实际上也把从楚国来的伍子胥当作了自己的老师。

3. 伍子胥说政治

现在，两人间令人窒息的对话终于要结束了。阖闾是非常有远见的君主，因此将话题从战场转向了国内，询问了管理国家的方法。伍子胥对此也进行了细致地讲解。

> 阖闾："天之生民，无有恒亲，相利则吉，相害则灭。吾欲杀其害民者，若何？"

伍子胥列举了伤害百姓的"十"种行为，并提出要严厉打击做不符合身份之事的人。他大致坚持了原始儒家的立场，乍一看这与伍子胥兵法的内容也很相似，特别是强调严格管理高位阶层这一点。

> 伍子胥："贵而毋义，富而不施者，攻之。
> 不孝父兄，不敬长傻者，攻之。
> 不兹（慈）〔稚〕弟（悌），不入伦雉者，攻之。
> 商贩贾市，约贾（价）强买不已者，攻之。
> 居里不正直，强而不听□正，出入不请者，攻之。
> 公耳公孙，与耳□门，暴教（骜）不邻者，攻之。
> 为吏不直，狂（枉）法式，留难必得者，攻之。
> 不喜田作，出入甚客者，攻之。
> 常以夺人，众以无亲，喜反人者，攻之。
> 此十者，救民道也。"

老师现在该说的话基本都说完了。阖闾在最后又再次问起应该攻打什么样的国家。

阖闾："以德攻何如？"

伍子胥："以德攻者：

其毋德者，自置为君，自立为王者，攻之。

暴而无亲，贪而不仁者，攻之。

赋敛重，强夺人者，攻之。

刑政危，使民苛者，攻之。

缓令而急征，使务胜者，攻之。

外有虎狼之心，内有盗贼之智者，攻之。

暴乱毋亲而喜相诖者，攻之。

众劳卒罢，虑众患多者，攻之。

中空守疏而无亲□□者，攻之。

群臣申，三日用暴兵者，攻之。

地大而无守备，城众而无合者，攻之。

国□室毋度，名其台榭，重其征赋者，攻之。

国大而德衰，天旱而数饥者，攻之。

此十者，救乱之道也。有天下而不治，名曰不能，治
而不服，名曰乱则。"

实际中伍子胥敢对阖闾说这样的话吗？这样的话真的是在批评
要攻打的楚国吗？或者是在告诫自己的国君阖闾？这是很符合伍子
胥风格的直言快语。春秋时代君主没有作为君主的价值或者君主自
己没有能力守住其位置时，人们可以换掉君主，重新树立德和仁的
名分。因此"德治"是指用大义的名分来换掉君主。

如果伍子胥想要告诫阖闾的话，第一句就是这个意思。"君王您
杀死先王登上王位。只有有德才具有正统性。没有德的话，君王您
也会被杀掉。"实际上伍子胥是阖闾的同谋，因此他对阖闾说："我们
管理不好国家的话，就会一起死。"

想要避免这种情况的话，应该要怎么做呢？他再次谈到了在中

原和楚国已经验证过的王者之道。向君王提出忠告：亲民爱民可以获得民心，自己节俭，让百姓吃好，少向他们索取，不要任意发动战争，保卫好国土，不要大兴土木让民力枯竭，放任百姓穿不暖。最后，即使君王能够管理好国家、诛杀不听话的人，但是放弃管理本身的话，也是"不能"的状态。

阖闾，虽然是以不正当的方式登上的王位，但是成为君主后，他认真听从了伍子胥的劝告。正如他的儿子夫差评价他们之间的关系时所说的话，"像平生一起耕犁的农夫一样（譬如农夫作耦）"。阖闾虽然是一个很可怕的人，但也是一个心胸极其宽广的人。

这样，伍子胥讲完了自己所有的话，阖闾遵照"圣人"的话，开始展开行动。

从现在起阖闾开始使用伍子胥的策略开展游击战，而从现在起楚国也开始不得安宁。楚军不断遭到吴军的挑衅，而当他们想反击的时候，吴军又顺着水流逃走了，但是当他们收回军队时，吴军就又开始挑衅。

伍子胥在提出游击战的第二年，吴国军队攻打了夷、六和潜，其中夷由逃到楚国的徐国君主把守。但是当沈尹戍派兵防守该地区时，吴军又立刻改变方向去攻击弦。沈尹戍和右司马去进攻豫章时，吴军则不跟他们正面交战，马上就逃走了。这样楚国前线的将士们被伍子胥的战术弄得疲惫不堪，从一开始就对付不了伍子胥的楚国令尹囊瓦根本不知道该怎么办。吴楚大战马上就要来临，伍子胥一步一步地让他的谋划得以实现，而阖闾则将一切都委托给了伍子胥。

就这样，满怀仇恨的男人和满怀野心的男人相遇后意气相投、携手前进。他们虽然通过阴谋取得了王位，但是没有靠阴谋来守住王位的想法。他们认为虽然开头走了点儿歪路，但是最后能坚持正道就可以了。

第 9 章

阖闾，
攻克楚国国都

我们接下来将听到的是宣告春秋时代结束的刀剑交鸣声。春秋秩序的核心是尊王攘夷和南北霸权体制。虽然周王室从很久之前就已经有名无实了，但南北霸权体制纵然事端不断也一直在延续着。不过现在这一体制就要崩塌了。因为花了数十年富国强兵并誓要攻克楚国的东边的吴国终于彻底做好了准备。

　　吴国已经为西征做好了所有的准备。吴国以中原和楚国为榜样，建立了国家体制，甚至修建了新的都城。阖闾在诸侯国内外也获得了贤能君主的盛名，其篡夺王位的历史也已经被人们所遗忘，且身边有伍子胥这位杰出的谋臣辅佐，战场上有阵前指挥的司令官孙武待命。兵器也精良锋利，而且阖闾继位以后，吴国在与楚国的战争中一直处于上风，南方的越国也在吴国断断续续的攻击下动弹不得。吴国这边已经万事俱备，只等对方露出能去攻打的可乘之机。没过多久，这样的机会就到来了。

1. 一只老鼠毁掉堤防

善于用人真的是一件很奥妙的事情。因为没有人天生各方面都很完美。而一个稳固的国家也需像重视人才一样重视体制。因为有了完善的体制，即使一位重要人才不在了，也会立刻有其他人来替补。大国的人才无论何时都很充足，这些优秀人才一般都是根据人才选拔制度选出的。注意，这里说的只是好的、善的人才。

但是不管是体制多么优秀的国家，甚至当今的民主主义国家都存在着一种"恶才"，他们破坏国家体系，给国家造成巨大危害。如果他们身居高位，特别是当他们是最高掌权者时，情况会变得更加糟糕，因为构建好的国家体系会给他们提供保护伞。

在古代一个恶人所造成的恶劣影响有时是非常巨大的。虽然《诗经》中有"赫赫宗周，褒姒灭之"的语句，但是褒姒只是替罪羊，周幽王才是让国家灭亡的人。另外，人们常说，最大幸事莫过于遇见善良之人，同样，最大不幸也莫过于把政治交给恶毒之人。

楚国由汉水西边的一块僻壤之地发展为纵横中原的大国，最后

战国时代的宴会场面　右边的图片是刻在杯盏上的纹样，描绘了当时士大夫们的生活情形。

反而受到吴国欺负，甚至被其灭掉。从楚国的历史中可以看到，一位贪婪的为政者给国家造成的危害是多么巨大。当仓库进了一只大老鼠时，人们通常不会太担心，但是这只老鼠进入仓库时留下了一个洞，其他老鼠通过这个洞闻到了粮食的味道，于是也纷纷进入到仓库里，最后仓库的粮食就会被老鼠们全部吃光。一条大河的堤防塌陷固然是因为雨太大，但是它其实是从一个小小的老鼠洞开始漏水的。因此一个小组织的首领比较有能力的话，可能不会太在意清廉问题；但是一个大组织的首领，只有保持清廉，才能算得上真正有能力，如果贪得无厌，就会变得昏庸无能。

　　大国楚国的大老鼠就是逼迫伯嚭东逃的令尹囊瓦。费无极手里并不握有国家实权，如果他犯错的话，对其进行一定的惩治就够了。但是囊瓦控制着年幼的君主，是实际上的掌权者，因此很难对付。

　　楚国虽然以汉水作为最后的防线，但实际上在汉水并没有发生过战事。之前每当有外敌入侵时，楚国一般会利用东边的卫星国和直辖地来防卫。汝水东边的许、陈和蔡等国为第一道防线，与汉水直接相邻的隋、唐等国为第二道防线。

　　一般当战争发生时，直辖地申、息等国的官员（公）会联合卫星国的军队组成抗敌军队。吴国变强后，州来成了重要的防御据点，因此有人认为楚国应加强州来和邻近蔡国的关系。一般来说，人要真诚对待帮助自己的人，对国家来说也是如此。但是楚国的令尹囊

瓦却完全不在乎这点，他非常擅长做赶走友邦这样的事。

蔡昭侯在访问南方霸主楚昭王时，为了表示友好之意，准备了两块佩玉和两件裘衣，并将其中的一块佩玉和一件裘衣献给了昭王。昭王设享礼招待蔡昭侯，当时两位君主一起穿了裘衣，佩戴了佩玉，当然这是两位君主为了表达友好之意，也是与重要场合相配的礼物和礼遇。

但是令尹囊瓦对裘衣和佩玉起了贪念。他强迫蔡昭侯交出，但是遭到蔡昭侯的拒绝。蔡昭侯的行为是在维护一国君主的尊严，这并没有什么不对。但是囊瓦却因为私欲怀恨在心，将蔡昭侯扣押在楚国三年，并且不打算放其回去。当然，在此期间，他肯定是向年幼的楚昭王进了某种谗言。

然而囊瓦的贪欲并没有到此为止。后来唐成公访问楚国时，带了两匹骏马。这次囊瓦也是想将骏马占为己有，在遭到拒绝后扣押了唐成公。而楚昭王却纵容了囊瓦的这些行径，所以昭王承担无道昏君的污名也是理所应当的。

楚国有很多人对囊瓦的贪婪很忧心。《国语》中记载了吴国准备西征时，斗且见过囊瓦后的慨叹。斗且在朝廷上拜见囊瓦时，囊瓦问斗且怎样才能聚敛财物和宝马，斗且回来后向弟弟叹息道：

> "我国恐怕要灭亡了！如果不是这样，令尹恐怕不免于难。我见到了令尹，他追问如何才能积聚财宝，就像饥饿的豺狼一样。这样的人，最后一定会是败亡之人。一般想

要聚敛许多财物和宝马的话，一定会从百姓那里夺取。夺取百姓的东西的话，会让百姓们心怀异心，因此这一私欲如何能满足得了呢？

"以前斗子文（名谷于菟）三次担任令尹之职，卸任时，家里连一天的存粮都没有，是因为他体恤百姓。楚成王听说子文吃了早饭就没有晚饭后，每天早上都会准备一束肉干、一筐粮食送给子文，现在这已成为对待令尹的惯例。并且，成王每次给子文准备俸禄时，子文都会逃开，等到成王不再这样做时，他才回来。

"有人问子文：'人都想追求富贵，但您却要避开它，这是为什么呢？'子文回答道：'所谓政治，就是要保护百姓。现在很多百姓很贫困，我如果富贵的话，这是劳苦百姓而成全自己，这样我离死亡的日子就不远了。现在我是避开死亡，而不是避开富贵。'

"囊瓦是先大夫的后代，辅佐国君，却不能在四方树立好名声，百姓饥饿困苦一天比一天厉害。四方边境布满了堡垒，路上饿死的人随处可见，盗贼张目窥伺，百姓无所倚靠。然而囊瓦却不去顾恤这些，反而聚敛不已，这必将招致更多百姓的怨恨。聚敛的财物愈多，蓄积的怨恨也就愈多，他怎么可能会不死亡呢？阻止人们的愤怒，就像抵御大河决堤一样，一旦决堤，必定会造成巨大的破坏。（夫民心之愠也，若防大川焉，溃而所犯必大矣。）"

就这样，囊瓦成为楚国有良识之士的一个心头之患。但是囊瓦通过操控年幼的君主，一直担任着令尹一职。此时，被扣押了君主的蔡国和唐国的臣下们心急如焚。唐国的臣下首先想出了一个计策，他们向楚国提出请求："请把现在侍奉君主的人替换为以前侍奉君主的人。"

获得许可前来替换的人把现在侍奉唐成公的人都灌醉，然后把马偷走交给了囊瓦，于是囊瓦释放了唐成公。唐成公回去后立刻把策划这次事件的人都绑到了司法官那里。

"君主因为喜欢马，被扣押在外国，抛弃了自己的国家。"

很多大臣站了出来。"我们可以帮助那些人赔偿同样的马给您。"

唐成公回答道："这是我的错。大夫们有什么罪呢？"于是奖赏了所有人，并且暗自等待能够向楚国报复所受侮辱的机会。

听闻此事的蔡国人明白了，只要贿赂囊瓦就可以了，于是说服君主将玉交给囊瓦。果然，囊瓦在朝廷上见到侍奉蔡国国君的人后，就假装好心地慰问蔡昭侯，并将错都归到了楚国相关官员身上。

"贵国君主长久待在我们国家，这是因为负责的官员没有尽好职责。明天我们将会送国君回去，如果再不尽礼仪的话，就把负责的官员处以死刑。"

终于蔡昭侯也可以回国了。昭侯回国途中渡过汉水时，将随身佩戴的玉扔到了水里，并发誓道："寡人要是再渡过汉水去南边的话，就降罚于寡人。以河川为证。"

然后他马上去了晋国，并把儿子元和大夫的儿子作为人质留在晋国，请求晋国攻打楚国。

楚国的防线就这样开始出现裂痕，而吴国当然不会错过这个机会。《吴越春秋》中记载了吴国使臣拿着阖闾的密旨，去游说蔡国和唐国的内容。因为当时外务由伍子胥处理，所以这位使臣显然就是伍子胥本人。

"楚国无道，虐杀忠良，侵食诸侯，困辱二君。现在我打算举兵讨伐楚国，希望和二位国君一起来谋划。"

于是唐成公送了一个儿子去吴国做人质，来作为对吴国的回应。

现在吴国的兵船得到了蔡国的庇护，不费吹灰之力就突破了楚国的第一道防线，抵达汝水。在渡过淮河南下时，楚国的第二道防线、起着屏障作用的唐国的抵抗也很快平息。像老鼠一样贪得无厌的令尹囊瓦就这样在保护国家的堤防上捅出了大窟窿。

在蔡昭侯为了报复楚国去访问晋国的第二年（前506）春，北方的众诸侯和南方的晋国、蔡国在召陵举行了大会盟，会盟的目的是讨伐无道的楚国。这次会盟不仅聚集了负责宗主国周朝行政事务的刘文公以及晋、宋、蔡、卫、陈、郑、许、曹、莒、邾、顿、胡、滕、薛、杞、小邾等国的君主，而且还有齐国的卿国夏。可以说重现了当年管仲聚拢北方诸侯威胁楚国的场面。同时这次会盟也使得数十年间避免晋楚正面对决的南北休战局面面临被打破的风险。

如果以这么大的军事阵仗去攻打楚国，然后吴国再在东边发起攻击的话，那么楚国真的有可能亡国。幸运的是，满腹仇恨的蔡昭侯不是一个懂得变通的人，而晋国的主要家族也都在忙着在国内扩张自己的势力，不愿意将时间和精力耗费在远征上。

当时晋军的统领荀寅要求蔡昭侯支付一定的财物，理由是晋军是为了帮助蔡国才赶来的，所以蔡国理应给予一定的辛苦费，但是蔡昭侯拒绝了这一要求。事实上，这不是一般的小事，是举兵攻打强大的楚国，因此由蔡国支付这部分费用也是理所应该的。因为如果盟主晋国不站出来的话，对楚国的征伐将陷入僵局。

求取财物遭到拒绝后，荀寅感到十分受伤，而他其实从一开始就没有攻打楚国的想法。另外，政卿士鞅（范鞅、范献子）也是喜欢财物的人。没有得到财物的荀寅对士鞅说道："我们国家现在处境很危险，诸侯正怀有异心，在这种情况下再去远征讨伐敌人，不是很难吗？现在雨季刚刚开始，病疫猖獗，北边的中山不臣服，如果抛弃休战的盟约，招来怨恨，对楚国没有什么损害，反而会使我国失去中山。那么不如辞谢蔡侯。我们自从方城那次战役以来，还不曾在楚国得志。我担心我们只不过是劳兵伤财而已。"

士鞅听了荀寅的话后，谢绝了蔡昭侯攻打楚国的请求，并让蔡国去攻打没有参加这次会盟的沈国，理由是沈国支持楚国。但这也表明晋国没有攻打楚国的力量和意志，因此在这次会盟之后，诸侯国们也不再畏惧晋国了。

蔡昭侯果然攻打了沈国，捉了沈国君主并将其处死。这是对楚国公然宣战。另外，蔡国还放弃晋国，转投了新兴强国吴国。蔡昭侯还把儿子乾送去吴国做人质。战争由此开始了。

2. 楚都陷落——吴国的剑斩断霸权体制的一轴

那年冬天，吴军船队沿着东边海岸线悄悄驶入了淮河入口。冬天的淮河很平静，吴国毫无阻碍地进入了州来。按照正常情况，这时蔡国和息国的军队要联合起来为楚国阻挡吴国的军队，但是蔡国和楚国早已是不共戴天的仇人了。

吴国军队将所有船停靠在汝水和淮河合流的地方，然后突然改变方向向南进入大别山狭窄的小道。因为大别山的小道不方便运输物资，所以一旦翻过了山，再退回来将会很难。现在吴军的战术越来越清晰了。他们避开淮河上游楚国的所有据点，试图抄近道进攻楚国郢都。但是如果吴军渡过汉水不能迅速占领郢都的话，就会受到楚国方城外军队和楚国主力军队的夹击，因此渡过汉水是这次作战的关键，速战速决、单刀直入则是这次作战的精要所在。

实际上吴国在这次作战中投入的兵力并没有达到可以占领楚国众多县的程度。根据《吕氏春秋·简选篇》的记载，"吴阖庐选多力者五百人，利趾者三千人，以为前陈，与荆战，五战五胜，遂有郢"，可知吴国的先锋部队是由速度很快的步兵以及擅长短兵接战的快刀手组成，并且先锋部队的总人数应该是在三万人以下。《吕氏春秋·民用篇》中记载："阖闾之用兵也不过三万，吴起之用兵也不过五万。"但是仅用三万兵真的可以占领楚国吗？想必大部分人都会认为很难。

不过伍子胥却坚信可以。楚国国境的防御能力虽然很强，但是国都的城墙都还没有建好，只要渡过汉水，就可以让郢都陷入恐慌中。郢都陷入恐慌状态，国君死亡的话，那么地方军也必然很快溃散。另外，现在汉水边上的唐国作为吴国友邦，还会帮助吴军渡江，最近的渡江地点是他们非常熟悉的地方。

吴国军队弃掉兵船与蔡国军队会合，越过大别山与唐国军队会合后抵达汉水。到现在为止，除了地形因素外，吴军没有受到任何的阻碍。楚国令尹囊瓦率领楚国军队与吴国军队隔着汉水对峙。这时左司马沈尹戌献出了一条计策。沈尹戌其实已经看穿了伍子胥的作战意图。

"您沿着汉水跟他们上下周旋阻止他们渡江，我带领方城山外的所有兵马去毁掉他们的船只，回来时再把大隧、直辕、冥阨三个要塞堵住。然后您从汉水渡过来，我从后面夹击他们，一定会大败他们。"

于是沈尹戌和囊瓦做好了约定。从字面上看大隧、直辕、冥阨三个地名，可以直译为"巨大的隧道""竖直车辕的路""黑而窄的路"，它们在大别山的边缘，为从现河南省南部进入湖北江汉平原的狭窄的通道。这个两面夹击的战术是利用楚国宽广的国土来攻击越山而来的敌人，虽然它意味着将会有一场恶战，但同时也是成功率最高的战术。沈尹戌和囊瓦约定好之后就出发去施行该战术了。

但是楚国军队的司令官囊瓦并不清楚战术的根本，而且非常没有主见。囊瓦身边的武城黑进言道："他们使用的是木头，我们使用的是皮革，没必要打持久战。速战速决会更好。"[①]

此时史皇在旁边也说道："我国人讨厌您而喜欢左司马。这次如果左司马毁掉了吴军停在淮河的船，堵住了通往方城的路反攻回来的话，将变成是左司马击败了吴国军队。您要速战速决，不然的话将免不了被惩罚。"

令尹囊瓦最终听从了这些人的话，渡过了汉水。

于是吴国军队没有进入虎穴也抓到了虎子。事实上，吴国军队虽然越过了大别山，但是因为其作战意图被沈尹戌看穿，所以渡过汉水并不像想象得那么容易，一不小心就可能会陷入被夹击的境地，但是现在敌人居然自己渡过汉水来了。吴国军队为了让楚国军队能够顺利渡过汉水，故意对其一直放任不管。

《左传》中虽然没有详细记载，但是吴国军队曾故意撤军以引诱楚国的主力部队，而战斗实际上也是在距离汉水非常远的东边山地进行的。这就是在《盖庐》和《孙子兵法》中出现的引诱术。特别是，即使遭到敌人的攻击也不出战，而是最大限度地诱敌深入，这也正是《盖庐》的精要所在。从楚国军队的立场来看，一旦渡过汉水就没有了选择的余地。渡江之后尽可能离开江边也是兵法的要

---

① 该对话在《左传》中的原文是："吴用木也，我用革也，不可久也。不如速战。"这是一句非常含蓄的话，可以有多种理解。现在只能根据原文内容进行一定的推测。首先可以理解为"我方是皮革车（用皮革覆盖的沉重的战车），吴军是木头车（移动起来很快、很轻便的战车），因此无法进行持久战"，意思是说，跟着到处找渡江地点的敌人跑，会让楚军很吃力，疲惫不堪。另外一种解释是"我方使用了皮革盾牌（甲衣），对方使用的是木头盾牌（甲衣），因此他们的耐久性要比我方好"，但这种解释有些牵强。还有一种解释是"革车是用胶粘制而成，很难抵挡潮湿"。当时是冬天，所以可能是在春雨来临前打完仗的意思。根据当时的情况来看，吴国军队的主力是步兵，所以其意思可能是"我们使用的是皮革车，穿着皮革甲衣，他们使用的是木头盾牌和木头枪。不要拖太久，马上攻击比较好"。不管如何，楚国把犀牛皮用作盾牌、甲衣和兵车的材料，这在当时是很有名的。

旨，这是因为在江边如果无法突击而被逼到江里的话，将会面临全军覆没的险境。

令尹囊瓦所犯下的失误并不是一两次。防守时"前水背山"或者"战于易地"是带兵之人都知道的常识。但是囊瓦却小看了吴军，带领战车部队去与背山的吴军苦战。另外渡江后一旦遭到猛烈攻击而无法突围的话，就会被逼到江里。所谓背水之阵自绝后路，这是远征军鼓舞士气时所使用的战术，并不是有可退之路的防守军应采用的战术。当军队后方有可撤退的大本营时，即使去攻打背水之阵被击退的话，将士们也将只会生出要渡江撤回的念头。

果然楚军抵达大别山西麓山地附近后，吴军立刻就发起反击。他们是吴军最精锐的短兵部队。楚军在大别山一带三战三败。虽然楚军在激战中也看出不会有战胜吴军的希望，但是既然已经渡过了江，就没有退缩的余地了。那时囊瓦想逃往郑国，被史皇大声斥责："国家平安的时候您想要执掌政治，现在国家有了祸乱您就想要外逃，哪里会有接受您的地方呢？您一定要拼尽全力打好这一仗，那么当初犯下的罪过就可以全部抵消了。"

于是囊瓦因为这位部下的话，又重新燃起斗志，阻止了楚军的瓦解，这样，吴楚两军在柏举对峙。

另一边，沈尹戌坚信当初的作战策略，在积极统合方城一带的军队。此时，对吴军来说，情况并不是十分乐观。事实上，如果吴军一直停滞不前渡不过汉水的话，就会没有后退的路，士气也会颓废。这时阖闾的弟弟夫概提议道："囊瓦不仁，他的部下没有拼死一战的意志，如果我们抢先进攻的话，楚军必然会瓦解，然后再派出我们的主力部队去追击，一定会得胜。"

但是阖闾不敢冒这样的风险。夫概却非常自信，对部下们说道："所谓'臣下合于道义就去做，不必等待君主的命令'（臣义而行，不待命），大概说的就是这种情况。今天我拼掉性命的话，我们吴军一定可以攻入楚都郢。"

于是他带领麾下五千名精兵，抢先攻打了楚国令尹囊瓦的步兵。果然不出所料，步兵部队被打散后，楚军立马乱作一团。而早就失去战斗意志，就等逃跑时机的令尹囊瓦立刻就逃往了郑国，于是史皇代替囊瓦登上战车指挥，并在战乱中死去。战争最终以楚军大败而告终。

失去了主帅的楚军纷纷往西边逃窜，途中被清发水挡住了去路。当时阖闾想立刻攻打楚军，但是夫概劝阻道："野兽被逼到绝地还会转身争斗一翻，何况是人呢？如果他们知道无路可退，一定会拼死一战，那时我们将必败。如果让他们队伍前边的人先渡江，让他们知道还有生路的话，后边的人就会失去斗志。等到他们渡过一半时，我们再发起攻击就可以了。"

于是等到楚军前边的队伍渡过江时，吴军发起了进攻，最后楚军后边的队伍都成为刀下亡魂。伍子胥兵法中的所谓"使之半入，后者则摇，众有惧心，我则急躁，从而击之"就是出自这里。

渡过江的楚军饥饿不堪准备做饭时，又遭到了吴军的攻击。伍子胥兵法中的所谓"凡击敌人，必以其始至……徒卒饥恐，我则疾呼，从而击之"就是出自这里。于是楚军被吴军追击得完全没有喘息的机会。

之后楚军彻底放弃了抵抗，在雍澨被吴军再次击败后，楚军的汉水防御线彻底崩溃，连战连败。庚午日，楚昭王从郢都逃了出来，这距离柏举对峙才不过十天的时间。庚辰日，吴军攻入了楚国郢都。当时楚军并没有与吴军进行激烈的战斗，而是单方面的瓦解。

楚都陷落是宣告一个时代结束的大事件。作为春秋政治体制一大支柱的南方霸主就这样完全失掉了威信，更甚者是根本没能好好打上一仗就将国都拱手让给了蛮夷之族。最后司令官令尹囊瓦逃到了一个小国，国君则沦落街头。楚国在南方的霸权由此彻底结束，吴王阖闾的剑斩断了春秋的一轴。

第 10 章

楚国的复活日志

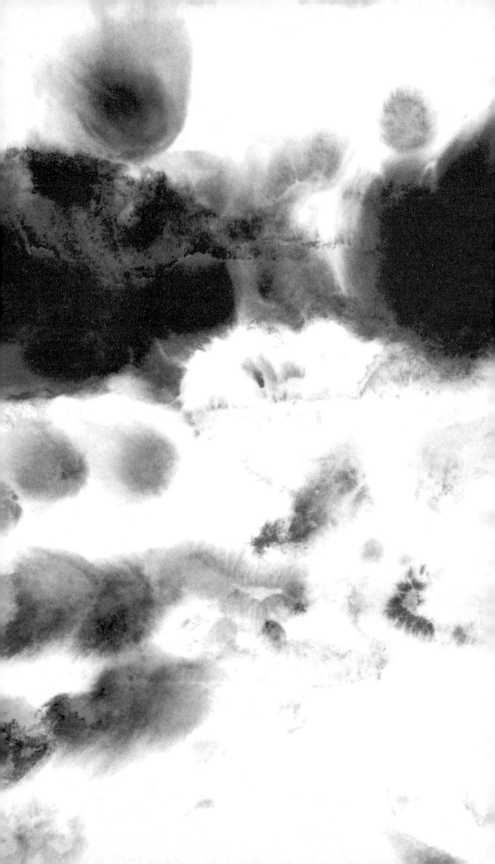

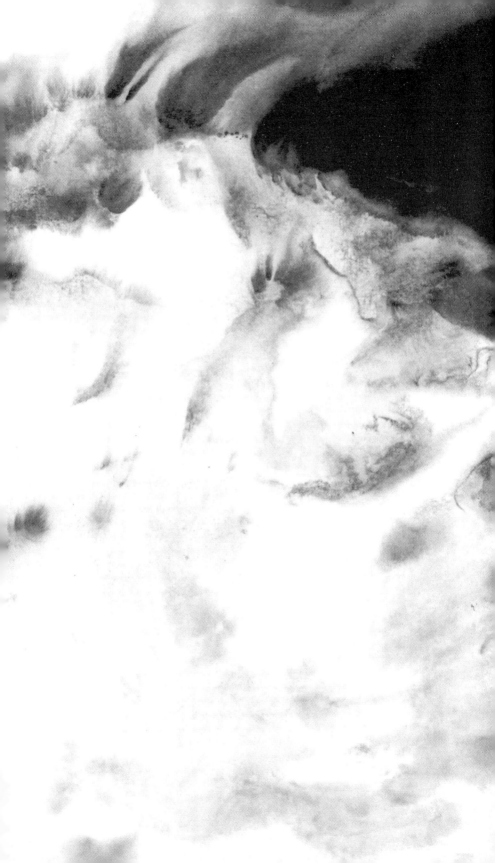

春秋时代的人们常常认为，胜利中常会有失败的征兆，失败中也存在反败为胜的机会。这是他们久经世事总结出来的哲理。"善始者实繁，克终者盖寡"，说的也是同样的道理。攻克时很容易，防守时则要难得多。因此，"刑以伐之，德以守之"这样的内容几乎在所有兵书中都能看到。

　　好胜者德行不足，勇猛者仁慈不够，这是很常见的情形。吴国虽然靠武力和战术打倒了一方霸主楚国，但从一开始也显示出了它的局限性。因为吴国虽然能靠武力取胜，但是尚不具有用德行来守护的实力。

1. 死去的忠臣和活着的良臣

那么到方城去的左司马沈尹戌怎么样了呢？他听闻令尹囊瓦渡过汉水被击败以及郢都陷落的消息后，马上匆匆赶了回来。现在使用夹击战术显然已经不可能了，守住国都才是关键所在。沈尹戌带领楚军回来后，在雍澨与吴军交战并击退了吴军。但是他也在战斗中受了重伤。另外，沈尹戌已经预料到楚军会失败，于是下定决心拼死一战，他向部下们发问道："谁能让我的头不落入敌人手中？"

一位名叫吴句卑的人站了出来。

"我身份很卑贱，可以接受这个任务吗？"

沈尹戌回答道："啊，我竟然把您忘了！当然可以。"

司令官与忠诚的部下做好这样的约定后，就重新回到了战场。但是已经负伤的沈尹戌在三次战斗中又再次受了伤。当身体再也无法战斗时，这位悲壮的英雄叫来了吴句卑。

"我现在不中用了！"

于是吴句卑把袍子铺开，割下沈尹戌的头包裹起来，把尸体的其他部分藏好后，就带着沈尹戌的头离开了。这就是英雄将领的部下。

沈尹戌自始至终都主张不要去挑衅新兴强国吴国，要切实增强楚国的自身国力。但是当战争避无可避时，他又如猛虎一般奋战在最前线，反而挑起战争的人在战斗刚一失败就马上逃到了国外。想要结束战争的良才虽然在战场中死去，但是他的举动却让楚军士气大振，令吴军心惊胆寒。

沈尹戌是一位自尊心很强的人，同时也是一位怀有秘密的人。

史书中最早提到沈尹这一官职是在楚庄王时，但实际上在那之前沈尹就已经存在了。沈尹指的是沈地区的官员，沈原来是与蔡国相邻的汝水边上的一个国家。在楚国实际掌控汝水一带的统治权后，沈国成了楚国的卫星国。在蔡国打算与楚国宣战灭掉沈国之前，沈国一直都是楚国忠实的盟友。沈国有君主（沈子），也有负责地方行政的官员尹。在让楚庄王跻身霸主之列的人中，是由沈尹来率领中军的；在吴国攻入楚国时，也是由沈尹来担当左司马的。从这两点来看，沈尹应该是一个非常重要的军事职位。总之，沈尹可能是当时总管军事作战的人或者职位。

沈尹虽然是官职，但是担当这一官职的人的后代子孙逐渐开始将沈尹用作姓氏。所以沈尹到底是一个官职，还是一个姓氏，也变得模糊不清。但是从楚国在管理占领地或卫星国时习惯重用当地人的惯例来看，担当沈尹的人明显是沈国出身的人。

沈国成为楚国的属国后，一直都是楚国忠实的友邦。后来随着吴楚争斗的日益激烈，他们也跟随楚军与吴军多次作战，在此期间很多沈国人成了吴国的俘虏。

《左传》中记载，"左司马当初曾做过阖庐的臣下，所以把被吴军俘虏看成是一件羞耻的事。"（初，司马臣阖庐，故耻为禽焉。）沈尹戌作为一位大丈夫，当然不愿再遭受同样的耻辱。那么他是从什么时候开始服侍阖闾的呢？

公元前 537 年，沈尹赤跟随楚王攻打吴国，结果大败。那时沈国人当然也是跟着楚王出征。在那之后的公元前 522 年，名为沈尹戌的人作为楚国的重要人物开始登场。因此，他应该是在公元前 522 年之前的多次作战中成为吴国的俘虏，或者因为某些原因逃到了吴国去服侍阖闾，然后因为一些原因又回到楚国，得到了左司马的官职。公元前 519 年，沈国大败，并蒙受了国君被阖闾杀死的耻辱。因此对沈国和沈尹戌来说，吴国是不共戴天的仇敌。

沈尹戌曾在吴国服侍过阖闾，而阖闾在公元前 514 年登上王位后开始不断骚扰楚国边境，于是楚国就派遣熟知吴国情况的沈尹戌去前线对抗吴国。沈尹戌明显也把吴国当作仇敌，甚至绝不愿意让自己的头颅落到吴人手里。楚国有良识之士看到沈尹戌的举动后大受鼓舞，奋起反击，这也成为这场惨烈战斗中第一次露出楚国复活希望的时刻。

第二个希望是年幼的国君所带来的。楚平王在公元前 527 年娶了秦国的公女，到公元前 506 年，昭王的年龄至多也就 17 岁。虽然昭王是让囊瓦那种贪婪小人成为令尹从而造成如今局面的罪魁祸首，但是他在患难中也逐渐开始显露出作为君主的资质。

吴军即将攻入郢都时，昭王做出了弃都逃走的决定。君主弃都逃跑对国都的百姓来说无异于晴天霹雳，但是如果留下的话，就只能坐以待毙。并且在逃亡的过程中昭王还想出了一个绝妙的计策。当昭王从国都逃出来抵达睢水时，眼看吴军就要追上来了，于是他让人找来很多大象，在大象尾巴上点火后，将它们驱赶向吴军队伍，然后借此机会顺利逃走。吴军被那些疯了一般冲过来的大象彻底吓住了。在千钧一发之际能如此机智的少年，完全具有成为大国之君的资质。

昭王的兄长子西在昭王偷偷逃跑后害怕百姓会溃散，于是自己担起君主的职责，安抚逃难的百姓，并在国都附近的脾洩建立了行宫，知道昭王的所在位置后也跟了过去。

沈尹戌和子西展示出了作为臣下的机智，丢掉国家的君主也展示出了不放弃的意志，因此楚国并不是毫无希望的。

2. 吴国分裂的征兆

现在我们去看一下吴军的情况。吴军在楚王逃跑的第二天就攻入了郢都，而他们攻入郢都后所做的第一件事就是满足指挥者的贪欲。虽然他们计划根据职位等级来瓜分楚国宫殿，但是在公子山分得令尹囊瓦的宫殿后，阖闾的弟弟夫概试图发动攻击抢夺回来，于是胆小的公子山只能将宫殿空出来交给夫概。这种冲突对远征军队来说当然不是好的征兆。

那么现在伍子胥要怎样复仇呢？虽然敌人的国都被攻陷了，但是仇人早已埋在坟墓里。根据《史记》的记载，伍子胥为了给父兄报仇，掘开了平王的墓，鞭打了他的尸体三百下。虽然这极有可能是后世所编造的故事，但是在《吕氏春秋》中也有相似的记载，可见这件事在战国时代曾广为流传。《吴越春秋》中的描述要比《史记》更为夸张，称伍子胥掘开平王的坟墓后，用脚碾压尸体，挖出尸体的眼珠，并破口大骂，而且吴王娶了楚国王妃，孙武、伯嚭甚至伍子胥都玷污了楚国的贵夫人们。

《吴越春秋》的内容明显带有夸张成分，已经过了十年的尸体怎么可能会有眼珠呢。如果公然玷污王妃和贵夫人们的话，《左传》和《史记》中怎么会没提到这种骇人听闻的行为呢？而且如果伍子胥真的做了那样的事，儒家经典《荀子》就没有理由把伍子胥评为贤者了。

当然吴国指挥部在攻入楚国国都后立刻就展开了瓜分宫殿的争斗，这点毋庸置疑。特别是统领先头部队的夫概违背纲纪也成为一个很严重的问题。当然吴军肯定还有很多其他不义的行为。战国时代有名的兵法书《尉缭子》，对占领者想要获得长久胜利应该具有的态度进行了总结：

> 凡兵，不攻无过之城，不杀无罪之人。夫杀人之父兄，利人之货财，臣妾人之子女，此皆盗也。故兵者，所以诛

暴乱禁不义也。兵之所加者，农不离其田业，贾不离其肆宅，士大夫不离其官府，由其武议在于一人，故兵不血刃而天下亲焉。

在胜利后能安抚占领地的百姓，才能真正获得占领地。这是兵家根本中的根本，但是吴国军队却没有这种克制力和远见。

3. 冬天的绿树

在战争初期激烈的战斗中，楚国的人才们以血肉之躯展示了孔子"岁寒，然后知松柏之后凋也"这句话的真谛。虽然夏天像囊瓦这种杂木会混在松柏中，但是一旦形势变严峻后，这些人就会立刻销声匿迹，反而在一些根本想象不到的地方涌现出了无数的人才。

楚昭王渡过睢水后，接着渡过了长江，逃到了云中。昭王现在已经踏上了流亡的道路。一天，他在睡觉的时候，有个歹徒突然跑过来拿枪刺向昭王。在这个危急时刻，王孙由于用自己的身体替昭王挡住了枪[①]。

歹徒可能是想杀死昭王来向吴国邀功。这件事后，昭王决定改变方向朝东边的陨地逃去。当时钟建背着昭王的妹妹季芈一起逃亡，王孙由于虽然背上负伤，但也紧跟其后。这样昭王身边的这些人救下了昭王，他们始终没有放弃复活楚国的希望。

当时统治陨的陨公是楚平王时令尹斗成然的儿子斗辛。过去斗成然曾因自己立下了大功而十分骄横。作者推测他可能在平王发动政变中发挥过决定性作用。于是在斗成然的势头达到一定程度时，楚平王

---

① 这个故事以《左传》的内容为根据，《史记·楚世家》中记载的是云中的人在朝他射箭时并不知道他是楚王。

把他给杀了，然后将其儿子斗辛封在陨地来继承其先代的功勋。听闻楚王来到陨地的消息后，陨公辛的弟弟怀想要替父亲报仇，于是对兄长说："平王杀害了我们的父亲，因此我现在也可以杀死他的儿子吧？"

兄长辛斥责怀道："国君讨伐臣下，谁敢把他当仇人呢？国君的旨意相当于上天的旨意。如果因上天的旨意而死，谁会把上天当仇人呢？《大雅·烝民》中说，'柔亦不茹，刚亦不吐。不侮矜寡，不畏强御'，只有仁爱的人才能做到这一点。逃避强暴，欺凌弱小，这不是勇气；乘人之危，这不是仁爱；灭人宗族，废弃祭祀，这不是孝道；行动不能留下好的名声，这不是明智。你如果一定要违背这些，我就先杀了你。"

弟弟听从了兄长的劝告。兄弟俩将怨恨深埋心底，护卫着昭王逃到了随国[①]。

4. 站在岔路口的卫星国们

在楚王抵达随国后，吴军立刻派遣使臣来到了随国。

"周朝的子孙被封在汉水一带的，实际上全部都被楚国给灭掉了。上天想要劝诫楚国，降罚于楚国。而君王把楚王给藏了起来，周王室有什么罪呢？君王如果报答周室的恩惠，恩泽我这个没用的人（阖闾），成全上天的心意，这是君王的恩惠，汉水北边的土地，就全归君王享有。"

---

① 《国语》中以口语体详细记载了兄弟二人间的对话。
"平王杀吾父，在国则君，在外则仇也。见仇弗杀，非人也。""夫事君者，不为外内行，不为丰约举，苟君之，尊卑一也。且夫自敌以下则有仇，非是不仇。下虐上为弑，上虐下为讨，而况君乎！君而讨臣，何仇之为？若皆仇君，则何上下之有乎？吾先人以善事君，成名于诸侯，自斗伯比以来，未之失也。今尔以是殃之，不可。""吾思父，不能顾矣。"斗辛不惜兄弟间产生冲突不和，还是安全地护卫昭王逃到了随国。

这是威胁随国交出昭王。那么后来楚国复活了吗？吴国灭掉楚国了吗？当时吴国使节住在随国宫殿的南面，昭王一行住在宫殿的北面，因此一不小心昭王一行就会被生擒活捉。那时昭王同父异母的兄长子期①穿上昭王的衣服，让昭王逃跑后，来到随国人面前。

"把我交给他们，君王一定可以脱险。"

随国方面也很难做出决定。此时需要能够承担责任的人，于是随国人通过占卜将责任推给了上天。对于是否将昭王交出去，占卜的结果是不吉利。于是随国君主召见了吴国的使臣，郑重地传达了随国的意思：

> 以随之辟小而密迩于楚，楚实存之，世有盟誓，至于今未改。若难而弃之，何以事君？执事之患，不唯一人。若鸠楚竟，敢不听命。

"我们随国是一个位置偏僻的小国。因此我们一直与楚国保持着密切关系，而且楚国也确实保全了我们，随、楚世世代代都有盟誓，到今天也没有改变。如果因为他们有了危难就背弃他们（我们就是背信弃义的国家），又拿什么来事奉贵国君主呢？贵国执事的忧患也并不是只有楚王。如果贵国要对楚国境内加以安抚的话，我们岂敢不听贵国的命令呢？"

随国君主说的话很有道理，另外吴军现在是在远方敌人的地盘上，不能树立新的敌人，所以吴军没有侵犯随国国土。最后，子期

---

① 子期（公子结）是昭王同父异母的兄长，也是子西（公子申）的弟弟。楚平王死后，昭王因为是王妃的儿子而继承了王位，但是群臣们更想拥立年纪比较大、能力得到认可的子西继承王位。然而子西是一位很无私的人，所以他拒绝了王位。子期是与子西不相上下的人才，而且也很无私，因此昭王很尊重他的这些有才能的同父异母的兄弟。

拿刀割破心口取血与随国人订下了盟誓。

但是吴国的使臣并不是只去了随国，目前臣服于楚国的陈、胡等国家也纷纷收到了和吴国一起攻打楚国的邀请。这实际上是吴国想趁着胜势从外交上孤立楚国。

胡国虽然曾跟着楚国对抗吴国，但是也多次被楚国要求迁移国都，可谓在夹缝中生存。胡国君主把吴国使臣来访看成是一次机会。在吴军攻克楚国国都后，胡国君主立刻把附近的楚邑人都抓了。

反之，陈国的判断则有些不同。吴国使臣刚到陈国时，陈怀公就召开了会议。陈国朝廷中对吴国使者来访这件事也进行了激烈的讨论，最后陈怀公召集朝廷重臣们寻求意见。

"想要帮楚国的站到右边，想要帮吴国的站到左边。"

于是，卿大夫中田地靠近楚国的都选择支援楚国，靠近吴国的都选择支持吴国。这就是依从自己的田地位置（从田），以私欲为标准做出判断。另外，没有田地的人则根据自己所属的朋党做出判断（从党）。这实际上是对政治形势没有任何主见的表现，是让君主非常难堪的一种情况。这时大夫逢滑站了出来。

"下臣听说，国家获得福德就会兴盛，遭受祸殃就会灭亡。现在吴国还没有福德，楚国还没有祸殃，因此现在还不能背弃楚国，投靠吴国。晋国是盟主，以晋国为借口来婉拒吴国，怎么样？"

"现在楚国国土被夺，国君逃跑，这不是祸殃，又是什么呢？"

"经历这种事情的国家非常多。但是不能因此就断定楚国不能复兴了。很多小国尚且能复兴，何况是楚国这样的大国呢？下臣听说，国家想要兴旺的话，对待百姓就如同对待伤口一样，'这就是福德'；国家想要灭亡的话，对待百姓就如同对待粪土草芥一样，'这就是祸殃'。楚国虽然没有德行，但是也没有像用镰刀斩草一样残杀百姓。但是吴国接连不断的战争让百姓疲惫不堪，百姓的尸骨像杂草一样散落在各处，尚未见到什么德行。这恐怕是上天降给楚国的一次教训，让它纠正自己的过错，而吴国招致祸殃的日子则不远了。"

陈怀公认可了大夫逢滑的判断。

那么结果是怎么样的呢？到底谁的判断是正确的呢？

5. 申包胥不吃不喝大哭七天

一般来说，不管多么强大的国家都是可以被颠覆的。三国时期刘备的谋士庞统在攻打蜀国时，曾用"刑以伐之，德以守之"来说服刘备。随国君主的话也是同样的意思，吴国如果有管理新得土地的能力的话，周边的国家自然会归顺它，但是吴国并没有展示出这种能力。

历代战争都有着相似的轨迹。如果占领者没有管理占领地的能力，战争就会变成长久战或者游击战。特别是当占领地上的百姓在文化上无法接受占领者时，情况会更加恶劣，最后占领者只能被驱赶出去。因此，如果占领者想真正占有占领地，那么就需要进行大范围的赦免、土地制度改革，表现出善待友邦的诚意。然而吴国什么都没有做到，并且远征军的领导层内部也四分五裂，仅仅得到了无道的评价。

陨公斗辛听到夫概和公子山为了争夺宫殿大打出手的消息后，开始重新燃起了希望。

"我听说，彼此间不退让就无法和睦，不和睦就不能远征。吴国虽然在攻打楚国，但是它的内部必定发生动乱。一旦发生动乱，吴国必定会撤军回国，哪里能平定楚国呢？"

当时有很多人开始讨论吴国是否能平定楚国，其中就有伍子胥的故友申包胥，申包胥是和伍子胥一起长大的朋友。失去父兄的伍子胥要向东逃亡时，曾对申包胥说道："我一定要颠覆楚国。"

申包胥回答道："你加油吧。如果你能颠覆楚国，我也一定能复兴楚国。"

然后伍子胥就出发逃往吴国了。经历了露宿荒野、路边乞食等种种磨难后抵达吴国的伍子胥，现在果然借助阖闾的力量颠覆了楚国。

在楚昭王离开随国时，申包胥也带着与伍子胥不同的目的来到了秦国。昭王是秦国公女的儿子，楚国和秦国很久之前就是盟邦。申包胥在秦哀公面前哭诉楚国的危急处境，请求秦国出兵救援。

"吴国就是封豕（巨大的猪）、长蛇，一直想吞食上国，现在从我们楚国开始了。我们的君主弄丢社稷，被赶到了荒野中，派遣卑贱的臣下来报告急难，说：'蛮夷贪得无厌，如果吴国成为君王的邻国，它将成为贵国边境上的一大祸患。趁着吴国还没有彻底平定敝国，请求君王出兵去瓜分敝国的土地。如果敝国就此灭亡的话，那么它就完全是君王的土地了。如果君王能施恩出兵镇抚敝国，敝国将世世代代侍奉君王。'"

秦哀公回答道："寡人知道贵国君主的意思了。请您暂时休息一下，等寡人想好方法再通知您。"

申包胥哭泣道："我们君主现在正被丢弃在荒野中，连个躺的地方都没有，我这个卑贱的臣子又怎么敢到舒适的地方休息呢？"

申包胥说完就靠着宫殿院墙痛哭起来，一口水也不喝，不分昼夜整整哭了七天。最后秦哀公被申包胥的赤诚所感动。第七天的时候，秦哀公唱着《秦风·无衣》出来安抚申包胥了。

> 岂曰无衣？
> 与子同袍。
> 王于兴师，
> 修我戈矛，
> 与子同仇！

秦哀公答应出兵去攻打吴国。于是秦国加入到了吴楚争夺战中。虽然史书中并没有记载，但是作者认为申包胥应该也去越国传达了消息。因为现有史书记载时是以中原为中心，所以没有提及这方面的内容。作者之所以会这样认为，根据有以下几点：

第一，在楚平王死前去攻打卑梁时，越国大夫曾亲自出来迎接，越国公子仓还向楚王进献了带有楼阁的船，并且随楚军一起行军，表现出了极大的示好之意，当然越国这样做也是为了牵制吴国。因此在生死攸关之际，楚国不可能不派使臣去向友邦求援。

第二，在秦军抵达战场之前，越国军队其实就已经开始攻打吴军了。当然这也是因为吴国的主力军已经投入到楚国战线中去，从而给了越国可乘之机。当时吴国和越国间的实力差距是很明显的，越国竟然会冒着被报复的危险去攻打吴国，因此有充分理由相信，楚国和越国间达成了某种秘密约定。

第三，有一条暗示楚国和越国关系的重要线索，即楚昭王后来的儿子楚惠王是越国公女所生。虽然无法确切得知昭王是什么时候娶的越国公女，但是不可否认的是，这巩固了楚国和越国间的同盟关系。楚国在获得秦国的援助后，一方面自己开始准备反击吴国，另一方面则打算让越国攻击吴国。现在越国介入吴楚战争就只是时间问题了。

我们再来看一下秦国，秦国救援楚国并不只是做做样子。当时公子蒲和公子虎率领军队，动用了五百辆战车，另外考虑到吴军的主力是步兵，秦国还动用了相当数量的步兵。现在申包胥从西北带来了能够重建一个国家的兵力。反之，吴国听到自己军队遭到攻击的消息后乱作一团。

6. 吴国的内乱和楚国的反击

现在局势发生了逆转。守卫楚国北方的军队和秦国的援军会合后向南方出发，吴国军队则在汉水北边迎战。为抗击沿着大路过来的秦国战车，吴军果然还是选在山前等待敌人的攻击。秦国军队司令官公子蒲很慎重。

"我们还不知道吴军的战术，还是先观察一下楚军和他们的作战状况，然后再参战吧。"

于是楚国军队先攻打了吴国的先头部队，然后与秦国军队会合，在沂地击败了吴国军队。吴国军队在东部战线柏举击败楚国军队时抓住了楚国将军蘧射，蘧射的儿子为救父亲率领军队与子西的军队会合，在军祥（现在的湖北省钟祥）再次击败吴国军队。

吴国军队和楚国军队的人数均有限，为了夺得战略要地，双方都在努力研究最佳的战术。现在战势发生了逆转，如果军祥被楚国控制的话，那么在郢都的吴国军队和在北边迎战秦楚联合军的夫概的军队，就会从中间被一分为二。

夫概虽然勇猛，但也渐渐意识到了寡不能敌众。这时，越国军队攻击吴国的消息也在吴军中传开了。

秦楚联合军击败吴国军队后马上南下，并在7月灭掉了唐国。唐国因相信吴国而背叛了楚国，但是吴国辜负了他们的期望，于是又一个国家从地图上消失了。

吴军为了守卫郢都，在雍澨击败了楚军，但是很快又被秦军击败。现在吴军只能放弃郢都了。他们撤退到麇①筑起防线。那么吴军先头部队的统领夫概此时在哪里呢？

夫概被秦楚联合军打败后就起了异心。正常情况下，他应该和吴军大部队会合继续抗战，但事实上他带着自己的主力军返回了吴国，并自立为王。阖闾就是通过发动政变才登上王位的，夫概当然也没有理由不可以这样做。特别是对留在吴国本国的人来说，由于当时正在遭受越国的攻击，所以就把率先回国的军队当成了救世主。

---

① 并不是前面提到的位于秦岭深处的麇，而是雍澨西边的某个地方。

楚国军队现在就剩下最后的大会战了，那么要如何对付占领了麇的敌军呢？当时他们使用了一个以前从没使用过的战术，即放火围攻麇，也就是火攻。子西反对这种做法。

"父兄亲戚的尸骨暴露在那里，不能收殓也就算了，怎么能烧掉呢？"

但是子期的态度很坚决。

"国家都灭亡了。如果死去的人有知觉，他们肯定希望能够享有以往的祭祀，（无法战胜的话，他们也将无法享有祭祀）哪里还会怕烧掉尸骨呢？（国亡矣！死者若有知也，可以歆旧祀，岂惮焚之？）"

可见楚国对吴国的仇恨已经深入骨髓。楚军最后还是采用火攻烧毁了麇的城墙，击败了吴军，然后又在公壻的山谷中大败吴军。

现在吴军的主力部队也踏上了回国之路。回到吴国后，阖闾马上击败了夫概，被击败的夫概逃到了楚国。战争就这样结束了。

在春秋时代，既没有时间跨度长达三个季节的战争，也没有水葬诸侯都邑的事情，更没有不管战死的人的尸骨而放火烧城的事情。现有春秋时代的任何交战守则都不再适用于吴楚争霸了。

《盖庐》记载的"太白入月、荧惑入月可以战，日月并食可以战，是谓从天四殃，以战必庆"，非常形象地表现了战争形式的变化。如果敌人发生了不好的事情，我就趁机进攻，敌人的灾殃就是我的机会，利用敌人的丧事进攻也不成问题。于是吴楚之战在战术上也宣告了战国时代的到来。

7. 战后处理——确立赏罚原则

这次战争也彻底暴露了楚国的一些弱点。汉水绝不是铜墙铁壁，原以为是属国的国家其实各怀鬼胎。另外，年幼的国君和无能、贪婪的令尹执掌政权时，动摇了国家的根本。国都失守的惨痛经历令昭王深刻认识到这些问题。但是在战乱中昭王也日益成长，他与同父异母的兄长子期和子西并肩作战，也逐渐开始恢复一国之君的威严。接下来，我们到楚国论功行赏的现场去看一下吧。

昭王在逃往随国的途中想要在成臼河渡河时，看见蓝尹亹用船载着妻子儿女。于是昭王请求他：

"请载寡人过河。"

但是蓝尹亹拒绝了昭王。

"自先王以来我们楚国就从来没有失掉过国都，如今君主在继位期间却失掉了国都。这是君主的过错。"

说完之后蓝尹亹便无情地离开了[1]。

回到郢都后，当蓝尹亹前来觐见时，昭王想立刻杀了他，但是他同父异母的兄长、现任令尹子西劝阻道："请听一下他的解释吧，说不定有什么缘由。"

于是昭王冷静下来，给了蓝尹亹解释的机会。蓝尹亹解释道：

"以前令尹囊瓦只记挂着以前的怨恨，以至在柏举大败，让君主落到如此狼狈的境地。现在君主又要效仿囊瓦的举动，这恐怕不行吧。我在成臼避开君主，是为了让君主反省悔改自己的错误。现在我敢来求见，是想观察君主的德行。君主现在没有忘记以前的过错并引以为戒了吗？君主如果不引以为戒继续错下去，拥有了国家却不知爱惜的话，那么君主就杀死我吧。我又怎么会害怕死呢？不过是死在司法官那里而已。请君主好好考虑一下吧。"

蓝尹亹的回答听起来像是在狡辩，又像是真心话。子西劝谏道：

---

[1] 该对话只在《国语》中有收录。接下来的部分在《左传》中也有收录，故事的中心意思与《国语》中的一样，但是对话的话者与《国语》中的不同。在《国语》的其他部分也有一些句子与这段对话内容有关，因此很是杂乱无章。本书接下来的部分综合了《左传》和《国语》的内容。

"当初子常因为总记挂着以前的旧怨，所以败亡了，君主怎么能效仿他呢？让蓝尹亹官复原职，使我们不要忘记以前的失败吧。"

于是昭王说道："好，就让蓝尹亹官复原职，我们以此来谨记过去的错误吧。"

虽然在患难中因先用船载自己的妻子儿女犯下了错误，但是蓝尹亹并不是可以小看的人物，他后来成为令尹子西非常信赖的人。

昭王接下来对在这次动乱中表现出忠诚的人全都进行了封赏。陨公斗辛当然获得了封赏，不过斗怀也获得了封赏。子西认为不应该封赏斗怀。

"现在君主有两类臣子，一类是要表彰的，一类是要处死的。但是君主对待这两类臣子的方式相同，这会让很多臣子感到奇怪。"

昭王这样回答道："所谓行大德之道，就是能消除小的怨恨。"

昭王接着说道：

"您所说的两类臣子是谁，我也都知道。一个是对君主尽忠，一个是对父亲尽孝，所以给他们同样的奖赏不也是可以的吗[①]？"

年未弱冠的君王通过试炼竟然成长到了如此地步。虽然是向兄长子西学习的结果，但是度量反而比兄长更为宽广。现在他已经掌握了维持国家的要旨。

在这次战争中，申包胥的功劳要比任何人都大。昭王想封赏他，但是他谢绝了。

---

① 《左传》"哀公六年"中记载了下面这则故事。

昭王曾经因患病而占卜，占卜的结果是"黄河之神在作怪"。于是大夫想让下臣们到郊外准备祭祀。这时昭王说道："三代的祭祀原则是不在国境之外祭祀。长江、汉水、睢水、漳水在楚国境内，我们可以在这些地方举行祭祀，我国祸福的降临地不会超过这些地方。现在即使寡人没有德行，也断然不会去得罪黄河之神。"

听到这个故事的孔子称赞道："楚昭王明晓大道理了。他不失掉国家，是理所当然的事！《夏书》中提道：'那位古代的君王陶唐，遵循天道纲常，所以才占据了冀方（中国北方）。但是现在夏朝失去了先代之行，搅乱了纪纲，于是就灭亡了。'"

"我是为了国君做事，不是为了自己。现在君位已经安定了，我还有什么可求的呢？而且我也憎恶子旗（斗辛的父亲斗成然）因为立功而贪得无厌的行为，怎么会去做同样的事呢？"

申包胥谢绝了封赏，不愧是民间志士。

楚国终于修复了创伤复活了过来。第二年，楚国被吴国太子终累打败，接着子期又在繁扬被打败，但是子西对此反而感到很高兴，因为现在可以开始将国都迁到北边的都地，革新纲纪了。

之后，楚国毫不留情地灭掉了在这次战争中背叛自己的小国们，虽然它们是楚国友邦，但是在楚国处于危难之时却不能信赖。在失去郢都又重新夺回来的第八年，楚国灭掉了胡国。

当时吴国军队从楚国撤退时，胡国国君豹仍然扬言决不事奉楚国。

"国家的存亡是由上天来决定的，事奉楚国能有什么用呢？只不过是耗费更多财力而已。"

然而胡国的存亡不是由上天来决定的，而是由楚国和胡国的关系来决定的。春天，楚国军队对胡国发起进攻后，胡国很快就灭亡了。不过楚国作为南方霸主的威信已经一去不复返了。那么吴国可以代替楚国吗？这个问题现在需要去问一下越国人了。

第 11 章

中原霸权体制的结束

在本章中我们将去看一下北方的冲突和矛盾。南方的冲突由初期的楚越联合和吴国间的对决逐渐转变为了吴越之间的对决，也就是吴越争霸。现在我们先去看一下中原的情况。

在南方，随着楚都的陷落，霸权时代的一轴已然崩塌；而在北方，除了齐国和郑国外，从未违背过晋国意志的卫国和鲁国也开始对晋国举起反旗。齐国的夙愿得偿，即终结晋国霸权。晋国霸权终结，并不是因为齐国强大的实力，而是因为晋国自身的衰亡，而导致晋国衰亡的原因就是内部的分裂。

晋国的内部分裂活动很早之前就开始了，现在则到了压制不住的地步。晋国的部分实力家门带领家军公然分割地方据点，甚至连对外战争的作战权也要瓜分。几乎与楚国霸权终结的同时，晋国的霸权也宣告结束。

1. 刺猬和羊背叛了晋国

郑国自子产执政后，就预见了春秋时代的终结，看清了要自谋生路的现实。他们利用担当晋国和楚国间平衡锤的身份，适时调节两国关系，并利用弭兵会盟，获得了最大限度的实利。

但是在南方发生了吴国进攻楚国占领楚都这一预料之外的事件。那时郑国很清楚楚军受吴国的牵制无暇顾及其他，于是攻占了许国。郑国和许国世代为仇。只是许国几乎隶属于楚国，靠着数次迁都勉强维持着国计。清楚了解这些的郑国在楚国变弱后立刻就盯上了许国。结果跟预想中的一样，许国根本无法抵抗郑国的进攻，国君也被抓到了郑国。

齐景公通过之前晋国接受蔡国邀请召集联合军攻打楚国时只是想要聚敛财物这一事件，彻底看清了晋国已经不具备号令四方诸侯的实力这一事实。另外，郑国也认为，晋国已经没有作为霸主的实力，事奉晋国不会再有任何实益，只不过是徒增开支。而晋国的卿们为了壮大自己的家门，甚至不惜私自从邻国搜刮贡物。因此齐国和郑国很自然地走到一起，达成了秘密协定。

而且他们不只是达成了秘密协定。太行山东边是广阔无垠的华北平原。春秋中期时，平原的源头地区是由名为长狄的狄族一派掌控，更东边的黄河一带则归卫国所有。但是在晋国持续的攻势下，太行山一带的狄族逐渐被赶到更北的地方，晋国的实力家们开始趁机瓜分这里，特别是曹氏家门正在积极开辟一条能横穿太行山直通东边平原的直道，从而代替原先太行山南部黄河北岸的弯路。

卫国对此感觉受到威胁是很自然的事。晋国的公室作为霸主掌握兵权时，卫国依附晋国获得了很多实力。但是现在仅是聚集晋国一个家门的战车就可能与国家的兵力不相上下，而晋国的这些家门都在纷纷扩张自己的势力，因此不可能对黄金地带毫无觊觎之心。

当时卫国的国君是卫灵公。《论语·卫灵公》中记载了一个非常有意思的故事。

卫灵公见到孔子后，立刻向他询问攻打晋国的方法。孔子回答道："我虽然听说过祭祀礼仪方面的事，但是不曾学过用兵打仗的事。"

而且第二天，孔子就离开了卫国。

《论语》和《史记·孔子世家》中将灵公描写为一个喜好女色、崇尚武力的没有内涵的老头。如果不考虑历史背景的话，这件事可以理解为灵公不重视礼制，从而让孔子很失望。但实际上在孔子去访问卫国的时候，卫国正联合齐国对抗晋国的赵氏家门，所以卫灵公当时心里非常焦急不安。对方是像马蜂一样凶猛、像牛筋一样坚韧的实力者赵鞅。卫灵公要守卫自己的国家，对抗觊觎自己国土的势力，当然不会被孔子的一句话所说服。虽然当时孔子看不起卫灵公，而卫灵公心里其实也对孔子的能力很失望。

公元前502年，齐国和郑国终于缔结同盟，然后也邀请卫灵公加入。已经在位三十多年的老谋深算的卫灵公与在位将近五十年的齐景公不谋而合。当时齐景公有晏婴在身边辅佐。卫灵公从一开始就想背叛晋国联合齐国，但是遭到大臣们的全体反对，这些大臣大都是与晋国的六卿们私下有联系的人。于是卫灵公这位老练的政治家开始为更老练的政治家齐景公想出了一个计策。卫灵公派宠臣北宫结为使臣去向齐景公转达他的意思。北宫结见到齐景公后，对他说道："请把我抓了，然后去攻打我们国家。"

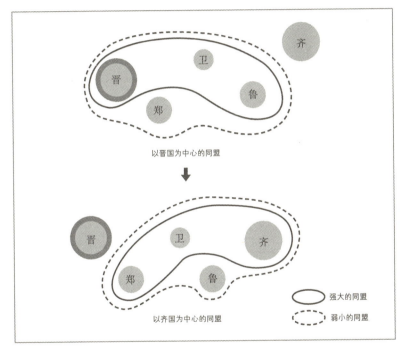

中原的形势变化

于是齐国派兵攻打了卫国。君主管不了本国大臣们，但是借用外国军队达成了目的，这样卫国顺利加入了齐郑联盟。然后齐国立刻开始压制鲁国，过去晋国在鲁国出现问题时常常利用卫国和宋国来压制齐国，但是现在卫国脱离了晋国。齐国攻打鲁国后，晋国为了救援鲁国，马上出兵攻打了卫国和郑国，而鲁国为了支援晋国则攻打了齐国，但是鲁国不是齐国的对手，撤退后又再次遭到齐国的报复。

晋国终于意识到了问题的严重性，于是想重新挽回卫国。晋国派去与卫国订立盟约的使臣是涉佗和成何，他们的任务是劝说卫国退出齐郑联盟，但是涉佗并不适合做使臣。

在与卫国君主当面订立盟约时，两位使臣的态度非常傲慢。当时卫国人想请晋国代表执牛耳，但是遭到成何的斥责："贵国也就相当于我们晋国的温县、原县，怎么能当作诸侯来对待呢？"

在歃血为盟时，涉佗又故意推了灵公的手，使血溅到了灵公的胳膊上。灵公非常愤怒，决心与晋国彻底决裂。但是沉稳老练的他并没有感情用事，而是暗自琢磨着如何将这一耻辱转化成政治事件。当然最令他头疼的还是倚仗晋国的卫国大夫们。那时王孙贾想出了一个主意，他建议灵公在订立盟约后先留在郊外，不要回国都。于是卫国大夫们去郊外迎接灵公，并询问他不回国都的缘由，这时灵公向大夫们倾诉了被晋国侮辱的事情。

"寡人令社稷受辱，没有资格再做君主，大夫们还是占卜选出下任君主吧。寡人会接受你们的占卜结果。"

大夫们立刻跪下，说道："这是我们卫国招致的祸患。怎么会是君主您的过错呢？"

灵公激起了大夫们心中的怒火。

"还有一件令人忧心的事情。他们对寡人说，一定要让寡人的儿子和大夫的儿子们去做人质。"

大夫们很惶恐，回答道："如果那样做真的有好处，公子去做人质的话，我们臣子们的儿子岂敢不抓着马缰绳跟随公子前去呢？"

于是他们决定送灵公的儿子和大夫的儿子们去晋国做人质。这时王孙贾再次站了出来。

"如果我们卫国真的遭遇祸乱，工匠或商人也会遭遇忧患。要让工匠和商人的子弟也都去才行。"

于是他们决定让士大夫以及工匠、商人的儿子都去晋国做人质。

终于到了人质们要出发的日子。因为是跟晋国关系不好才派送人质，所以卫国大夫们都非常坐立不安。但是因为卫国公子和工匠、商人的儿子们也都要去，所以他们也不能打退堂鼓。那时灵公将大夫们叫到了朝廷上。

王孙贾站出来发问：“如果我们背叛晋国，晋国攻打我们五次，我们会经受什么样的苦难呢？”

大夫们回答道：“即便攻打我们五次，我们还可以有能力作战。”

王孙贾于是说道：“那么我们背叛晋国吧。我们先经历战争的苦难，然后再送人质也不迟。”

因儿子问题而焦灼的大夫们，仿佛一直等待的就是这一刻，马上就答应了。于是卫国背叛了晋国。晋国很着急，想通过怀柔政策与卫国重修盟约，但是事态已然发展到无法扭转的地步。虽然晋国再次派兵攻打了卫国，但是已经背离的心无论如何也挽不回来了。现在的卫国再也不是以前那个对晋国俯首帖耳的国家了。

2. 力推黄牛角

卫国脱离晋国的第二年，齐国进攻了晋国的夷仪。夷仪是齐桓公时将被赤狄灭掉的邢国迁过来并为之修建城墙的地方。齐桓公时将同样处于灭亡边缘的卫国也迁到楚丘让其复国，据说当时的卫国战车只剩下了三十辆。夷仪在卫国灭掉邢国后成了卫国的土地，后来又变为了晋国的土地。

夷仪过去是齐国霸业的象征，现位于山东腹地，往日威风也荡然无存。在当时，齐国如果想实现真正意义上的与晋国相匹敌，就必须攻下夷仪，而且这次进攻夷仪的齐国军队也与以前大不同，已经树立了纲纪。

当时齐国勇士敝无存在出战前把父亲给他定下的未婚妻让给了弟弟。

"这次出征如果能活着回来，一定要娶高氏或者国氏的女子。"

敝无存说完之后率先登上了夷仪的城墙，但是在从里面打开城门准备冲出去时，死在了城门门槛下。其他的齐国将士们勇猛地冲上了城墙。经过一番激烈战斗，攻下了夷仪。

景公封赏了抢先登上城墙的将士后，对夷仪的人下令道："找到敝无存尸体的人，赏赐他五户，免除他的赋税！"

找到敝无存的尸体后，齐景公对着其痛苦地行了仅次于卿的礼，然后命人把尸体运回国，并亲自推了运送尸体的车三次。齐景公的这一举动让齐国的大国气象再现。

另一方面，卫国为了援助齐国，出兵北上抵达五氏（现在的邯郸西边），切断了夷仪和晋国本国的联系，形成掎角之势。但是北上途中要经过中牟（现在河南安阳的西边），当时晋国在中牟部署了一千辆战车。那么卫军能顺利通过中牟吗？中间会不会遭到晋国的阻击呢？卫国需要慎重做出判断。那时卫国的战车只有五百辆，占卜吉凶的乌龟壳也被火烧焦了，但是卫灵公并不打算放弃。

"可以作战。我们卫国的战车是五百辆，可以抵他们的一半；我作为国君，也可以抵他们的一半，这样就与他们的战车数量相等了。"

于是卫国军队决定继续北上，驻扎在中牟的晋军想攻打这支自不量力的卫军。那时逃到中牟的卫国褚师圃劝道："卫国虽然是小国，但是现在他们的国君在军队里，因此是无法战胜的。齐国军队现在正因攻下城邑而骄傲自满，而且他们军队统帅的地位很低。如果攻打齐军，一定可以取胜。"

于是晋国军队没有去管卫国军队，而是直接攻打了齐国军队，并取得了胜利。

第二年，齐国和鲁国会盟和解，而晋国先是包围了卫国都城威胁卫国，后来又把杀死涉佗作为和解的口实。晋国显露颓势的低姿态和齐国统领友邦的高姿态形成了鲜明的对比。在之后的第二年，鲁国与背叛晋国的郑国和亲，这也是鲁国第一次背叛盟主晋国。

两年后，齐卫联合军做出了更为大胆的举动，准备直接攻打晋国的河内（黄河和太行山中间的平原地带，两个国家都觊觎的地方，现推测是开封北部太行山南部地区）。他们寻找能在垂葭驻扎军队的机会，但是这需要先渡过黄河。卫国大部分臣下反对攻打河内，因为军队渡过黄河后如果遭到反击就会陷入非常危险的境地。前面已经说过，卫国的大夫们并不想和强大的晋国为敌。齐国大夫们的情况也是一样。但是郇意兹认为可以攻打河内[①]。

"这是可以的。我们派出精锐部队攻打河内的话，消息要过好多天才能传到绛（晋国国都）。从晋国国都派出的军队要三个月才能到达河内，而那时我们早就渡过黄河回来了。"

于是齐国军队渡过黄河攻打了河内，然后迅速撤回军队。果然晋国国都派出的军队没能追上齐国军队。在撤军回来的路上，齐景公把大夫们的车子全都收了起来，只有郇意兹可以坐车。这次事件过后，齐国已经在事实上成为与晋国相匹敌的国家。晋国在北方的霸权结束了。

3. 老虎脱网而出

晋国为什么会变得这么弱了呢？我们先来了解一下英雄赵鞅的事迹。

之前赵鞅为了报复卫国，投靠了齐国并派兵包围了卫国，在撤退时从卫国索要了五百户百姓来作为和解的条件。因为赵鞅的食邑

[①] 《史记》中记载为秉意兹。他是公室忠实的支持者，后来在陈氏（田氏）推翻公室想要攻占齐国时，遭到陈氏驱逐，走上了流亡之路。那时晏婴的儿子晏圉也与其一起流亡。由此可以推测，齐景公当时是利用秉意兹来牵制陈氏等居心叵测的晋国大夫们。齐国攻击晋国的河内时，晏婴并不在齐景公身边，因为三年前他就已经死了。

晋阳远在太行山一带，于是他暂时把这些人交给驻扎在晋国邯郸的赵氏家门。三年后，赵鞅对邯郸的赵午说道："把卫国给我的五百户百姓还给我，我要把他们安置到晋阳去。"

赵午没有深想就答应了。

赵午回到邯郸告诉父兄们要归还这五百户百姓后，他们都面露难色。

"正是因为有这五百户百姓，卫国现在才拥护邯郸。如果把他们送到了晋阳，那么卫国就会断绝和邯郸的友好关系。"

意思是说，虽然卫国交出了五百户百姓，但是心里依然认为他们是卫国的子民。邯郸与卫国很近，卫国时刻都可以联合齐国发起进攻，因此不可以将起着肉盾作用的卫国百姓迁到晋阳。于是他们提议道："不如先攻打齐国，然后再把他们送到晋阳。"

这是想打着去攻打齐国遭到齐国报复时用这五百户来保护晋国百姓的名号而不把人送到晋阳，于是赵午没有把人送到晋阳。赵鞅大怒，把赵午叫到了晋阳，并把他囚禁在屋子里，跟随赵午来的随从们也被命令卸下兵器再进屋。但是跟随赵午来的涉宾违背了赵鞅的这一命令，这让赵鞅更为愤怒，于是他单方面派人通知邯郸："我将私自处罚赵午。您几位可以随自己心意立继承人。"

赵鞅处死了赵午，然后涉宾带领晋阳的人发起叛乱。

智谋超群、行动果断、魅力非凡、敌我分明、为大舍小的器量以及发现背叛苗头不惜灭掉一族人的残忍等，赵鞅身上的这些特征，正是成为战国奸雄所需具备的条件。

该年六月，晋国上军司马籍秦包围邯郸。当时邯郸的赵午、荀寅和范吉射（士吉射）没有参与这次作战，反而想去攻打赵鞅。根据《左传》中记载的内容，当时晋国卿大夫间的矛盾错综复杂。

六卿辈出的家门全部在为生存而斗争，家门的支派间也在为获得家门所有权而斗争。正如赵鞅和赵午间的冲突一样，赵氏家门也不例外。当时范氏（士氏）家门的宗主是范吉射，而韩氏家门的宗主韩不信和魏氏家门的魏曼多想除掉竞争家门的宗主范吉射，范氏家门的庶子范皋夷也想在韩氏和魏氏的帮助下击败范吉射。另外，当时执政的荀跞（智氏家门的宗主，原来的荀氏分成了智氏和中行氏）讨厌荀寅（中行氏家门的宗主），想扶持梁婴父为卿代替荀寅。范吉射和荀寅对他们的这些打算也很清楚，当然不会乖乖让出卿的位置，他们把邯郸的赵午看作是自己的同盟，因此在赵鞅杀死赵午后，决心除掉赵鞅。

但是赵鞅是什么样的人呢？他是春秋末期的曹操，在未来能开辟赵国大业的人怎么可能对此毫无察觉呢。他的忠仆董安于催促道："我们最好比他们先动手。"

赵鞅很慎重："晋国有一条法令，'始祸者死'，我们在他们发动祸乱后再动手即可。"

董安于很焦急："与其让许多人受到危害，不如牺牲掉我的性命，由我先来起事，然后主君以我为口实就可以了。"

"不可以！"

赵鞅直接拒绝了。赵鞅是这样一种人：他没有自觉遵守国家法令的想法，但是非常擅长利用国家法令；虽然有时他也会牺牲自己的忠仆，但是不会强迫他们，而是让他们自己主动提出。

最后范吉射和荀寅先攻击了赵鞅的宅邸，赵鞅迅速逃到自己的食邑晋阳。然后晋国军队追过来包围了晋阳，之后战争陷入持久战。赵鞅到底还是成了贼寇，也被当成了逆臣贼子。

另一方面，在国都的执政荀跞去见了晋定公，劝说晋定公攻打范氏和中行氏。

"君主曾向我们臣下们下令称'始祸者死'，记载着这一命令的书还沉在黄河里。现在有三个臣下先发动祸乱，却只驱逐鞅（赵鞅），这是不公正地执行刑罚。请君主把范氏和中行氏也一起驱逐。"

最终荀跞获得了定公的许可，与韩不信和魏曼多一起去攻打范吉射和荀寅。于是范吉射和荀寅决定直接攻打国君来进行反击。当时逃到齐国投靠范氏的高强极力劝阻他们："胳膊断了三次后自己就会变成好的医生。攻打国君是万万不可的，那样百姓肯定不会站到我们这边，我就是因为攻打国君才逃到这里的。他们三个家门之间也不和睦，最后肯定能把他们全部击败。如果把他们全击败了，那么国君除了我们还能倚靠谁呢？先攻打国君的话，只会让他们团结到一起。"

但是范吉射和荀寅没有听高强的劝告，出兵攻打了国君。结果跟高强所预测的一样，众家门联合起来帮助国君进行反击，范吉射和荀寅大败，逃到了东边的朝歌。于是赵鞅借助荀跞等人的力量回到了都城，并在公宫与国君订立了盟约。

重新回到中央政界的赵鞅想厚赏董安于，但是遭到董安于的极力推辞。因为董安于知道政敌的刀尖已经瞄准了自己，他对自己的一生进行了简单的回顾。

"当我年轻的时候，在朝廷担任文书工作，帮助撰写文告命令，抬高先王的声誉，在诸侯面前奉行大义，但是您却不关心；当我到了

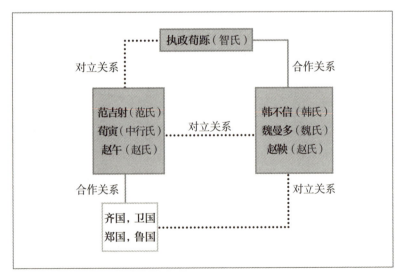

晋国氏族势力对峙 晋国六卿：智氏、韩氏、魏氏、范氏、中行氏、赵氏。

壮年的时候，招纳得力的股肱之臣，去辅佐司马治理军队，使军中没有发生暴虐邪恶之事；等到我年老了的时候，穿上宽衣大带的朝服，辅佐宰官治理民事，使百姓没有二心。但是有一天我突然发狂参与了战争，您却说'一定要奖赏你'。与其因为这种狂疾受到奖赏，我还不如逃跑呢！"

董安于最后还是拒绝了赵鞅的奖赏。果然祸患很快就降临到了他身上。

荀跞的臣子梁婴父很讨厌董安于，当然其他家门也不可能愿意看到赵氏家门中有这么一个足智多谋的人。于是荀跞向赵鞅提出要求："范氏、中行氏虽然确实发动了叛乱，但这是安于挑起的，他算是共同作乱。晋国有命令，'始祸者死'。范氏、中行氏已经服罪了，谨此奉告。"

这是让赵鞅杀死董安于的意思，赵鞅为此非常苦恼，于是董安于自己主动提出："如果我死了可以让晋国安宁、赵氏安定的话，哪里还用得着活着呢？人，谁又不会死呢？我已经死晚了。"

于是董安于上吊死了。赵鞅因为这位忠臣的死，更加巩固了在政界的地位。他将董安于供奉在赵氏家门的祠堂里。

赵鞅是拥有两副面孔的男人。另一方面，他派家臣尹铎去晋阳减少赋税，增筑城墙，晋阳并不是单纯的食邑，而是被当成赵氏家门的根据地。

现在争斗进入了第二阶段。赵鞅不是能忘记旧债的人，他的军旗上印着的是马蜂，而他也有着像马蜂一样的执着。

随着荀寅和范吉射在朝歌发起反击，晋国再次陷入了旷日持久的内战中。此时，在南方，另一位执着的人勾践也投入到了与吴国的长期战斗中。

赵鞅出兵包围朝歌攻打范氏和中行氏一族后，齐国和卫国也立刻出兵支援范氏和中行氏，当然，郑国以及与郑国和亲的鲁国也加入到齐卫阵营。此外，支持这两个氏族的另一部分人还带领着狄族去攻打晋国的国都绛。

因为当时晋国的霸权已经崩塌，所以赵鞅孤立无援，不过他本身就具备解决当前困境的实力。冬天晋军在潞地战胜范氏和中行氏联合军，然后又在百泉战胜范氏和郑国联合军。潞现为山西省潞城，可见战争是在太行路展开的。现在只有取道太行山南边才能抵达东边的时代已经结束，沿着太行路直接到达邯郸的时代开始了。不过太行路后来也成为赵国都城邯郸的一个鸡肋。依靠这条路吧，它实在是太窄了，废弃这条路吧，它又实在是太重要了。

第二年春天，齐卫联合军出兵救援范氏和中行氏。冬天，齐卫鲁联合军攻克晋国的棘蒲。棘蒲位于北边太行路的隘口，在现在的石家庄附近。从晋阳出发沿着太行路向东行军仅二百千米就可以到达棘蒲，因此为了防御邯郸的后方必须要把它抢夺过来。现在平原上的诸侯国们堵住了太行路的所有入口，把守着邯郸，并计划从正面和侧面同时打击从南边攻来的晋军。这很可能会让晋国失去东边的平原，甚至被围困在太行山山谷。

第二年四月，卫灵公去世。这对齐国联合军来说无疑是晴天霹雳，因为卫灵公是一位决意脱离晋国掌控的君主。八月，齐国的粮草运输队伍前往朝歌，给范吉射和荀寅补给军需，负责这次粮草运输的人是郑国的子姚和子般。

赵鞅为了不让粮草运送到朝歌，中途出兵袭击了运输队伍。在这次作战中赵鞅决心赌上他的政治生涯，当然也包括他的生命。但是赵鞅军队的战车要比郑国的战车少，这让他很担心。当然，因此就方寸大乱肯定不是赵鞅的风格，于是他准备用打破常规的奖赏来鼓舞士气。

"范氏、中行氏违背天命，滥杀无辜，想要除掉国君，掌控我国，我们国君相信郑国能保护社稷，现在郑国违背天道，背弃我们国君，去帮助逆臣贼子。我恳请大家顺从天命，服从君令，以德义为根本，消除耻辱。这次出征胜利的话，上大夫可获得县的奖赏，下大夫可获得郡的奖赏，士可获得十万亩田的奖赏①，庶人工商可做官，奴隶可获得自由。志父（赵鞅又名志父）如果没有罪过的话（战胜的话），就会兑现这些承诺；如果犯下罪过，就用绞刑把我杀死，死后使用三寸厚的桐木棺，棺材不设外椁，用没有装饰的车来装运，用瘦马拉车，不葬入本族的墓地，这是下卿所应获得的罪罚。"

赵鞅立下了上面的誓约。但是这么多的田地要从哪里获得呢？当然要去抢了。华北平原其实非常辽阔，但是赵鞅并不是一国之君，他可以做出这样的许诺吗？这里可以看出他无视君主想要侵吞土地的野心。进入战国时代后，各国常常为了丰厚的封赏而挑起战争，而这种举动的始作俑者正是赵鞅。

这种大胆的誓约也是宣告与春秋时代诀别的标志之一，而且它也体现出身份制度在战争中解体这一事实。战争的唯一好处可以说就是增加了社会的流动性。

那天从战争中逃出来的卫国太子也在现场。赵鞅登上铁丘（现在河南濮阳附近的一个丘陵）眺望敌阵，巡视军阵，鼓舞士气，并抛出了提升身份地位的诱饵。

"毕万（晋国卫氏的始祖）是个普通人，七次战斗都俘获了敌人，后来有了四百匹马，在家里善终。诸位努力吧！未必就会死在敌人手里。"

在平原，战车间碰上后，战斗马上就会开始。赵鞅亲自抱着战鼓冲进敌阵，在战斗中肩膀被刺伤摔倒在地，卫太子拿着枪跑去救他，赵鞅很快就站了起来，继续战斗。但是在战斗中赵鞅的蜂旗（画着马蜂的赵鞅的军旗）被敌人夺走，那天蜂旗挂在了郑国子姚的帐幕里。虽然战斗初期成败无法预测，但是在赵鞅不遗余力的攻击下，

---

① 这是《左传·哀公二年》中的记载。十万亩应该是非常辽阔的土地，这里说的是哪种土地单位并不明确。

郑国军队逐渐开始后退。

那天晚上，晋国的公孙龙带领五百名步兵，攻入子姚的军阵，夺回了蜂旗。公孙龙原来是范氏的家臣，后来被赵鞅抓住，周围的人都让赵鞅杀死公孙龙，但是赵鞅认为"为其主也，何罪？"，宽恕了公孙龙，并将他收入自己麾下，于是公孙龙决心报答赵鞅。

赵鞅和三国时期的曹操非常相似。切断敌人的后勤补给、以少胜多都是曹操的特点。另外将原来是敌人的人纳为己用也是曹操的特点之一。

在这次战斗中，虽然齐卫郑鲁均出兵帮助范氏和中行氏，但是也没能战胜赵鞅的斗志。逆转了战争局势的赵鞅于第二年包围了朝歌，于是荀寅逃到了邯郸。之后，赵鞅又攻占了邯郸，于是荀寅逃到了鲜虞。后来齐国的援军赶到，占领了太行山东部（现在的邢台北部）一带晋国的许多邑，将荀寅安置在柏人（邢台和石家庄中间地区）。

赵鞅是不懂得适可而止的人。第二年，他重新北上围攻了柏人，于是荀寅和范吉射逃到了齐国。接下来赵鞅又报复了鲜虞和卫国，这场旷日持久的战斗才终于落下了帷幕。这一年秋天，齐景公去世了，而这一年正是公元前490年。

赵鞅实际上是像马蜂一样的人物。卫灵公在战争中死去，齐景公也在失去胜利的希望后死去。曾与赵鞅作对的荀寅和范吉射也被逼得退无可退，华北一带的太行山东麓的土地全部划入了赵氏的势力范围之内。

《史记》中记载，赵鞅当时在晋国的职位是上卿，但是实际上，他的食邑仅次于诸侯。赵鞅不在乎国籍和身份广招良才，不断在太行山北部的晋阳和新获得的太行山东麓平原上巩固势力。内战在晋国内部埋下了赵国的种子，在这种国情下，晋国根本没有插手南方战争的空暇和力量。

从现在开始让我们忘记北方的事情，去看一下南方发生的事吧。

第 12 章

吴越复仇剧的

开始

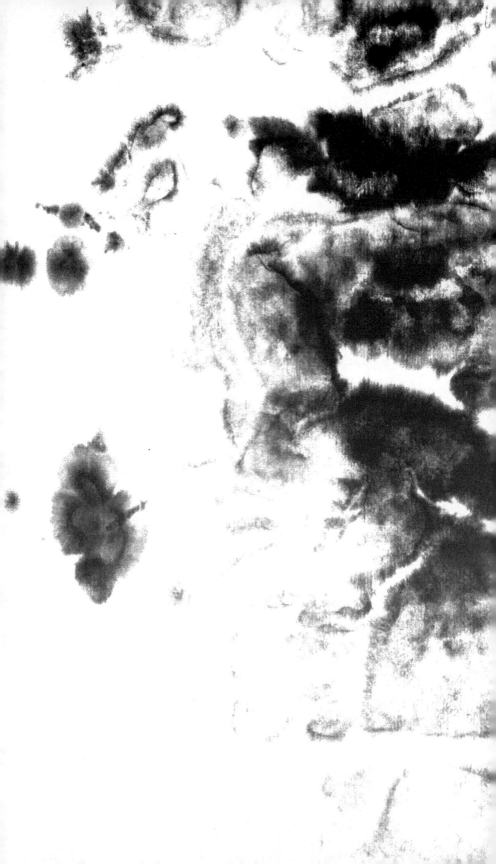

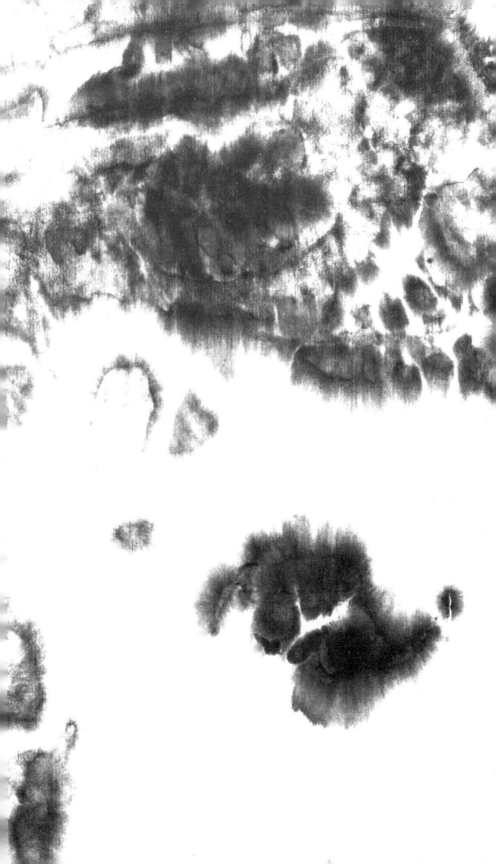

吴国宰相伍子胥非常讨厌越国。当年攻打楚国时，如果不是越国人扰乱吴国后方，可能吴国早就接手了楚国国土。越国与吴国拥有同样的语言和风俗，但是却不乖乖臣服于吴国，这让吴国一直很不安。楚昭王娶越国公女为妻，与越国结为同盟，这也让吴国很不满。越国绝对是吴国的一个心头大患，伍子胥当然不会就此罢休，但是一直很难找到好的机会。在等了又等后，终于听到了越国老谋深算的君主允常去世的消息。如果不抓住这个机会的话，那就不是伍子胥了。别人的凶事不正是我的喜事吗。公元前 496 年，当赵鞅出兵围攻朝歌时，阖闾在南方也发起了进攻。

1. "你能忘记勾践杀了你的父亲吗？"

越国的新任国君正是勾践，他的一生可以说是春秋末期人物中最具戏剧性的，他也很不简单，是一个具有战士心脏的人。

听到阖闾要攻打越国的消息后，勾践立刻渡过钱塘江在檇李摆好军阵。在吴王看来，这是很可笑的事情。蛮夷之地上的一个毛头小子竟然妄图阻挡连楚国国都都能攻陷的吴国军队！但是勾践很快就让阖闾大吃一惊，因为阖闾发现这位新任君主的胆力竟然与自己那么相似。

而从勾践的立场来看，吴国的军阵十分严整，两次派遣敢死队攻打吴军，但每次这些勇士都被吴军给俘虏了。于是接下来，他完全效仿了阖闾带领吴军去攻打楚国联合军时使用的方法。

当时从越军阵营中走出三行壮丁，他们高呼："两国国君出兵交战，我们竟触犯了军令，拖累行军速度。不敢逃避刑罚，谨自刭而死。"

然后前排的人自刭而死，接着下一排的人也自刭而死，接下来最后一排的人也是一样。这种前所未见的场面惊呆了吴军。而就在此时，勾践的主力部队突然发起进攻，瞬间就打乱了吴国的军阵，越国的灵姑浮趁机拿着戈快速刺向阖闾，阖闾的脚被刺中，丢掉了一只鞋子。

越王勾践的传记画像 给人以冷酷无情的印象。

吴军匆忙撤退，虽然又重新摆好了军阵，但是阖闾却因为脚伤而殒命。曾经攻陷楚国、在中原威名赫赫的风云人物，突然间就迎来了人生的终局。阖闾临终前问太子夫差："你能忘记勾践杀死了你父亲吗？"

"不敢忘记。"

阖闾死的时候再次叮嘱道："绝对不要忘记越国。"

于是一世英雄阖闾就这样离开了人世，太子夫差在陆地成为新任吴王。

夫差是一位什么样的人呢？夫差与勾践彼此相似，但是实际上二人又彼此相克；夫差与父亲很像，但又有不同之处。现在夫差开始打磨复仇之剑了。他在宫室的门前安排了侍从，每当他进出的时候，侍从们都会喊道："夫差，你忘记勾践杀死你父亲了吗？"

然后夫差就会回答："没有。岂敢忘记。"

夫差跟父亲阖闾一样，都是好战之人。

那么，在战争中失去知己、送走吴国父兄的伍子胥的心情是怎样的呢？他本身也是先送走父亲和兄长的人。

《越绝书》中对此有如下描写：

> 夫有勇见于外，必有仁于内。子胥战于就李，阖庐伤焉，军败而还。是时死伤者不可称数，所以然者，罢顿不得已。子胥内忧："为人臣，上不能令主，下令百姓被兵刃之咎。"自责内伤，莫能知者。故身操死持伤及被兵者，莫不悉于子胥之手，垂涕啼哭，欲伐而死。三年自咎，不亲妻子，饥不饱食，寒不重彩，结心于越，欲复其仇。师事越公，录其述。印天之兆，牵牛南斗。赫赫斯怒，与天俱起。发令告民，归如父母。当胥之言，唯恐为后。师众同心，得天之中。

伍子胥如果生活在当代，将会是一位令所有人都畏惧的强者。伍子胥切齿拊心，勾践也不得安眠。吴越决战的时刻很快就到来了。

2. 夫差的不完全复仇[①]

范蠡，劝阻战争

吴越战争并不单纯是吴越双方间的对决，吴楚间的对立也起到

[①] 记载吴越争霸过程最为详细的资料是《国语》中的《吴语》和《越语》。但是《吴语》和《越语》在内容上存在相互矛盾的部分，甚至《越语》本身也存在相互矛盾的内容。公元前494年的战争到底是由谁先发起进攻的？两边阵营的使臣往来了几次？战斗发生了几次？这些都没有精确的记载。虽然一般情况下，通过对比《国语》和《左传》可以找出记载中的错误，但是《左传》中关于越国发生的事情只有零星的记载，而《国语》的《吴语》和《越语》中也没有记载中原的年份。司马迁似乎也有过相似的苦恼，因此《史记》的《吴太白世家》《越王勾践世家》

了推波助澜的作用。公元前494年，楚军带领陈国、随国和许国联合军包围了蔡国国都，报复引来吴军、让楚军遭受柏举之耻的蔡国，这是楚国一直以来的心愿。

楚国令尹子西九天不眠不休，让人在蔡国周围筑起了城墙，城墙足有二丈高。如果吴国不去援救蔡国，蔡国将陷入绝境。于是蔡昭侯带着百姓出城向楚国投降，楚军让他们把国都迁到长江和汝水的中间地带就撤兵了。

越国是楚国的盟国，楚国使臣显然会提出越国应一起夹击吴国的请求。于是年轻气盛的君主想借此机会抢先攻打吴国，但是这遭到了谋臣范蠡的反对，范蠡的反对有理有据。

"一般治理国家有三种方法：国家强盛时要设法保持下去（持盈）；国家将倾覆时要设法转危为安（定倾）；平时处理国家政事要得当（节事）。"

（接上页）《伍子胥列传》等在内容上也存在着不一致的地方，虽然司马迁调整了《国语》中对话的顺序，但是依然存在前后内容无法保持一致的问题。

虽然《国语》的顺序比较混乱，但它仍然是信赖度最高、连贯性最强的原始资料。《国语》中收录了吴越相争过程中的一些重要事件，并且将这些事件描述得高潮迭起。因此将《国语》中的内容进行重新梳理、排序非常重要。笔者认为《史记》虽然试图依据《国语》对吴越相争的故事进行重新梳理，但是其在推论上存在着相当多的错误。而后世的《吴越春秋》则漏掉了夫差和勾践第一次交锋的情形这一重要细节，另外在没有依据的情况下，标明勾践继位五年后去吴国当人质的记载好像也是错误的。

这样看来《越绝书》反而更为可信。这本书虽然与《吴越春秋》一样带有文学创作性成分，但是在描写檇李之战以及夫差和勾践首次对决的部分中，直接引用了《论语》和《周易》的内容，可见"故传曰"等语句并不是杜撰出来的，而是从其他资料中引用过来的。而本书中作者也在没有其他资料可参考的情况下，参照了《越绝书》中的内容。

以下书中有关吴越争霸的描写，即使没有标注引用符号的部分，也全是引自史书典籍，需要标记的部分作者则会另外标注。另外，作者虽然已经参考了一切可以参考的资料，尽可能去还原整个事件的原有面貌，但是由于现有的参考资料有限且不完备，因此出现错误也在所难免。

勾践回答道："想要做到这三点的话，该怎么办呢？"

"要保持国家强盛，就应顺从天道；要使国家转危为安，就应顺从人道；要妥善地处理国家政事，就应顺从地道。"

范蠡继续有条不紊地说道："君王问我，我才敢回答。天道要求我们盈满而不过分，气盛而不骄傲，辛劳而不自夸有功。一般圣人顺应天时行事，也就是守时。如果天时未到，不要发动进攻；如果人事未兴，不要挑起事端。现在君王没有等到国家盈满，就要采取过分的举动；没有等到国势强盛，就已经骄傲起来；没有尽心尽力，就夸耀自己的功劳；天时未到，就想发动进攻；人事未兴，就要公然挑起事端。这是违背天意，失掉人和。君王如果这样做，不仅会危害国家，而且还损害自身。"

但是勾践对这些教科书般的言辞并不感兴趣，于是范蠡继续仔细地讲解道："一般强勇（以武力压制）是违反道德的行为；兵器是不吉祥的器物；战争是处理事情的最后手段。通过阴谋做不道德的事情，喜欢使用不吉祥的器物，首先向别人挑起事端的人，最终反而会被别人害死。淫佚之行是被上天所禁止的，它不会给人带来任何好处。"

"淫"说的是不道德的行为，"佚"是指脱离正轨的行为。事实上勾践的内心深处已经被淫佚占据。范蠡正在戳破勾践的心思。

范蠡这个人又是谁呢？他本来是楚国人。他的辞令让人不禁想起了战国时代建立了道家学派的人，道家正是楚国的思想。

但是勾践固执己见："您不要再说反对的话了，寡人已经拿定主意！"

范蠡讲了很多大道理，但是勾践无法理解这些大道理。另外，范蠡不仅通晓这些大道理，而且对小的权术也很精通。

越国军队最终还是北上太湖攻打了吴国[①]。夫差和勾践都是新

---

① 对夫差和勾践战斗情况有具体描写的书籍只有《越绝书》，所以这里参考了《越绝书》。

任君主，勾践的好胜心也非常强，"我有什么地方比不上夫差呢？"

伍子胥一直等待的就是这一刻，当他看到越国军队抵达太湖后咬紧了牙关。伍子胥所采用的战术核心就是虚虚实实，因此该战术在任何时候都是先诱敌深入，然后等敌人士气大降时再奋起反击。伍子胥布设了诈兵，将其分为两翼，然后在夜间点燃火把，让他们相互呼应。（为诈兵，为两翼，夜火相应。）

因为苏州市西边太湖边上有很多大的丘陵，所以勾践很难知道这里埋伏了多少人。现在敌人占据着高地俯视越军的情况，如果敌人堵住两边通道并派遣中军攻过来的话，越军将全军覆没。于是勾践非常恐慌，立刻让军队撤退。

而伍子胥此时才派兵追击越军。吴国军队追击到檇李时，越国军队摆阵迎战。越军之所以会退守檇李，是想把钱塘江（当时的富春江）作为最后防线，追过来的吴军也开始摆阵，准备与越军决一胜负。但那时突然出现了非常奇异的现象，狂风大作，昼夜不歇。大风将战车刮翻，将马刮飞，许多骑兵[1]被刮下马摔死，大船也被刮得剧烈摇晃，小船则直接被刮翻。

夫差很害怕，问伍子胥："我刚才躺下午睡，梦见井水满溢，水一直往外流，还梦见与越王争夺扫帚，越王要用扫帚扫我。这对我军来说是凶兆吧？不如我们班师回国吧？"

当时恰好越国军队在不断大声叫喊。夫差对是否要攻打越国很难做出决定，但是伍子胥让夫差坚信吴国一定会赢。

"君王只要尽全力而为即可，我们一定会打败越军。我听说井水是供人们饮用的，井水满溢出来，寓意我们的将士有吃不完的粮食。

"越国在南，属火；吴国在北，属水。水能制服火，君王又有什么可担心的呢？大风从北面刮过来，这是在帮助吴国。从前周武王

---

[1] 当时吴国并没有骑兵，可见该内容参考了后人所著资料，而且《越绝书》本身就带有夸张的成分。

讨伐殷纣时，彗星（一般认为是不吉之兆）出现，但是周武王却取胜了。周武王问其原因，太公望回答说：'我听说彗星相斗，倾倒出来的就能获胜。'我也听说，'灾异有吉有凶，万物之间存在着互相克制取胜之道'，太公的胜利就是最好的证明。希望君王不要犹豫，赶快出兵进攻越军。这样的话，越国就会遭祸，而我国就会昌盛了。"

夫差听从了伍子胥的话，攻破了越军在槜李的防线，越军退至会稽。守住会稽的有利条件就是前依水路后靠会稽山。

当时越国的国都会稽就是现在的绍兴，绍兴是一个河渠纵横的城市。从战略角度来看，会稽山指的是现在的绍兴市南部以香炉峰为中心的一个海拔不到三百米的丘陵地带。山虽然不高，但是林木葱茏，而且前面有纵横交错的河道，是天然的防御要塞，后方有绵延不绝的山脉，因此不需担心无路可退，而且溪谷中有可饮用的水。另外勾践还有五千名可以激战的精兵，所以越军还没有完全陷入绝境①。但问题是，现在弃船进山的话，防御会很容易，反击则会很难。那么勾践最后能脱离绝境吗？

小蛇逃掉了

勾践是越处于困境意志越强大的奇人，他没有选择放弃，而是去寻找能破解当前难局的人。

"凡是寡人父辈兄弟和同姓弟兄，只要有能够帮助寡人出谋划策打败吴国的，寡人将和他共同管理越国的政事。"②

但是并没有人站出来。这时异姓大夫文种站出来斥责勾践："我听说，'商人在夏天就预先蓄积皮货，冬天就预先蓄积夏布，行旱路

---

① 《史记》中记载，在进行大反攻时勾践的精锐亲卫兵是六千名。
② 这段重要对话出现在《国语》中。前文中一些关键的对话也出自《国语》，《左传》是补充参考资料，但作者参考《史记》和其他资料，对其中顺序混乱的对话进行了重新整理。

就预先准备好船只，行水路就预先准备好车辆，以备需要时用。'一般一个国家即使四方国境没有忧患，也不能不预先培养谋臣和勇士，就如蓑衣斗笠这些雨具，下雨时一定会用得到。现在君王退守到会稽山之后，才来寻求有谋略的臣子，恐怕太晚了吧？"

文种的言辞很尖锐，他除了指责勾践现在才寻求对策已经太迟外，还指责勾践不向众人询问，而只向自己的王族询问。勾践明白了文种的意图后，马上拉着文种的双手跟他一起商议国事。那么能解除当前困境的专家到底是谁呢？勾践召见了范蠡。

"寡人没有听从你的话，以至沦落到这步田地，现在该怎么办好呢？"

"君王难道忘了吗？保持强盛就要顺应天道，转危为安就要顺应人道，处理政事就要顺应地道。"

"想要顺应人道，该怎么去做呢？"

"用贬低自己抬高对方的辞令去请求他，派遣女子乐师去迎合他，用高贵的名号去推崇他。如果这样做还不行，那么君王就只能亲自去他们都城了。"

"好。那就这样做吧。"

于是勾践派大夫文种为使节去吴国求和。文种进入吴军阵营后，向夫差请求道："现在我们君王勾践没有可派遣的人，于是派来了我这样无能的臣子，我不敢直接对大王说，只能私自对大王的臣子说。越王的军队，不值得大王屈尊来讨伐了。我王愿意把金玉及子女，奉献给大王，以酬谢大王的辱临。并请允许让我王的女儿作大王的婢妾，大夫的女儿作吴国大夫的婢妾，士的女儿作吴国士的婢妾。另外越国的珍宝也全部带来了，我王将带领全国的人，编入大王的军队，一切听从大王的指挥。如果大王依然认为越国的罪过不能被饶恕的话，那么我们将烧毁宗庙，把妻子儿女绑起来，连同金玉一起投到江里。然后再带领现在仅有的五千人同大王决一死战，那时一人必定能抵两人用，这就等于是拿一万人的军队来对付大王了，

绍兴卧龙山越王台 越王生活的宫殿遗址，如今有很多体现越国历史的文物在此展览。

从卧龙山看到的会稽山 可以看到后面很远的众山，会稽山是勾践最后的生存空间。

这如何能不让大王珍爱的军队受损伤呢？与让大王的军队受损相比，不费吹灰之力就得到一个国家不是更好吗？"

夫差打算接受越国的求和，但是伍子胥坚决反对。

"不可以！我国与越国是世代仇敌，是必然会发生战争的国家。三条江水环绕着两国国土，百姓没有可以逃避战祸的地方。有我国就没有越国，有越国就没有我国，这种局面将不可改变。员（伍子胥名员，字子胥）听说：'住在陆地上的人习惯住在陆地上，住在水上的人习惯住在水上（路人居陆，水上居水）。'我们即使打败了中原国家，也不能在他们的土地上生活，无法使用他们的车子。但是我们打败了越国，可以在他们的土地上生活，也可以乘坐他们的船。这是不可以放弃的大利，君主一定要消灭越国，如果失去这次机会，将来一定会追悔莫及。"

于是吴王拒绝了越国的求和请求。现在越国似乎也没有什么办法了，当然，就算不能与吴国讲和，勾践也不会没有大战一场的勇气。但是，文种这次出行发现了吴国的一个弱点：吴国的太宰伯嚭虽然很有才能，但是也很贪婪。于是文种对勾践说："吴国的太宰嚭十分贪婪，我们可以用重财去诱惑他。"

勾践按照文种的建议，准备了八名美女送给伯嚭。

"您如果能够让吴王赦免了我们越国的罪行，还会有更漂亮的美女送给您。"

同时越国提出了非常优厚的求和条件：越国愿意把所有财产都交给吴国，而且勾践愿意亲自到吴国做人质。

"我王愿意把国库的钥匙交出来，成为吴国的属国，并亲自去贵国，任凭吴王处置。"

简单来说就是只要不灭亡越国，越国可以把整个国家都交给吴国。

收受了越国贿赂的伯嚭开始劝谏夫差："我听说，古代讨伐一个国家时，只要对方认输的话就够了。现在越国已经认输了，君主还想要什么呢？"

夫差想答应越国的求和。于是伍子胥①以父亲教导儿子之心讲述了以前的故事——伍子胥也是被仇人杀害了父亲的人。

"不可以！臣听说，'树立品德必须灌溉辛勤，扫除祸害必须连根拔尽'。从前过国的浇在杀死夏朝君主相时，相的妻子怀有身孕，从下水沟逃回有仍，生下了少康。少康后来在有仍做了管理骡马的牧正。浇派人追捕少康，少康又逃到了虞国，在那里做了管理厨房的庖正以躲避祸害。虞国君主将两个女儿嫁给他，并将纶邑分给他，该地不过一成（方圆十里），人口不过一旅（五百人），但是少康布施德政，召集夏朝的余部，给予他们官职，安抚他们，同时派遣奸细去监视浇，引诱浇的弟弟，最后灭掉了浇的国家，恢复了夏禹（夏朝始祖）的功业。

"现在我们吴国比不上过国，而越国的处境要比少康好得多，上天如果帮助越国让它强盛起来的话，我国岂不就很难办了吗？勾践这个人能够亲近臣民，注重施布恩惠。（向有功之人）施恩惠就不失去（无功之人的）心；亲近臣民，就不会忽略有功之人。越国与我国土地相连，是世代仇敌。如果我们战胜了它，却不灭掉它，反而打算保存它的话，这是违背天意，助长仇敌，到时候后悔也来不及了。姬姓吴国将离衰亡不远了。"

但是夫差根本听不进伍子胥的话。

不损伤兵力是好事，声名显扬也是好事。但是要怎么对待父亲的仇人，怎么处理世代争斗中积压下来的父兄们的仇恨呢？伍子胥心里很不痛快，他曾经为了给父兄报仇历尽千辛万苦，甚至不惜背上逆贼污名，因此对轻易放弃为父报仇的夫差非常失望。

夫差忘却了战术的根本。吴国在攻打楚国时，因越国的背后袭击而大败，因此阖闾以后想继续攻打楚国的话，就必须要先攻下越

———————
① 伍子胥下面的发言仅在《左传》中出现。

国。另外，这次战斗是由勾践先挑起的，因此即使灭掉越国也不违背情理。况且伍子胥亲自埋葬了这次战斗中死去的将士们，怎么可能不立誓为他们报仇呢？要求消灭越军的伍子胥其实并不残忍，想要宽恕敌人，获得虚名的夫差才是真的愚蠢。咬人后逃掉的狗并不危险，咬人后退到一边看人眼色的狗，早晚还会再咬人。但夫差不听伍子胥的劝谏。伍子胥走出来之后，对人们说道："越国用十年时间生养、聚拢百姓，再用十年时间教导、训练他们，二十年后，我国的宫殿恐怕就变成池沼了。"

伍子胥所说的这些话在鲁国的史书中也能找到，因此当时吴国的君主夫差不可能不知道。伍子胥可能是借此斥责夫差的行事方式，夫差在这件事之后也逐渐疏远了伍子胥。从这件事也可以看出伍子胥的弱点，他虽然在打击敌人方面很有才能，但是在保护自己方面则不愿费心思。他本身是一个很正直的人。

另外，根据很多野史记载，勾践为了摆脱危机，曾献给夫差一位名为西施的绝世美女，而夫差也迷上了西施。另有传言称西施还是范蠡的恋人，当然这并没有确切的根据。不过确实是有很多越国美女被送到了吴国宫室。果然是英雄难过美人关啊！

勾践就这样起死回生了，但是按照约定他要去吴国做人质。在出发之前，他召集国人，在国人面前说道："寡人不知自己的力量不够，与吴国这样的大国结仇，让百姓们横尸原野，这是寡人的过错，请允许寡人改正。"

于是勾践埋葬战死的人，慰问负伤的人，供养活着的人；谁家有丧事就去吊唁，谁家有喜事就去祝贺；百姓有远行的，就去欢送，有还家的，就去迎接；凡是百姓所憎恶的事，就清除它，凡是百姓着急的事，就及时办好它。到了要离开越国去吴国的日子，勾践叫来了范蠡。

"请您为我守护好国家吧。"

但是范蠡却有其他的打算。

"国境以内，治理百姓的事，我比不上文种。国境以外，对付敌国，需要当机立断的事，文种比不上我。"

勾践答应了范蠡，带着范蠡和三百名官员去了吴国。勾践在吴国亲自为夫差的车牵马。

战国时代的新君臣关系就这样开始了。在春秋时代，虽然可以将敌国的君主杀死，但是绝不会让他去做奴仆，并且如果不杀死对方的话，一般接下来会给他封地和厚赏。夫差的行为既不符合春秋的礼教标准，也不符合战国的实利标准。正如伍子胥所说的，如果不杀死敌国的君主，那么就好好地对待他；如果当初不杀死他，想获得宽容声名的话，那么就不要让他做奴仆。勾践是比夫差更为可怕的人，为了日后的反击，他忍受了一切耻辱。那么，接下来他有什么打算呢？

第 13 章

夫差过度的
野心和虚荣

普通人到了冬天会换上冬天的衣服，在冬天依然穿着夏天衣服的人显然是血气旺盛之人，但是人毕竟是没有皮毛的温血动物，在某个瞬间身体可能就会在寒风中被冻僵。现在战国时代的凛冽寒风就要刮起来了。

　　在人们的印象里，战国时代的诸侯国总是很容易发起战争。但是战国时代这些战争的开始和终止绝对都是建立在利益基础之上的，不存在像齐桓公或楚庄王那样为了争夺霸主的权威和名分而发起战争的情况。如果在战争中失败，百姓们就会叛离；如果君主比较愚钝，就算在战争中取胜的话，臣下们也会叛离。另外，内忧和外患如同双生子一般相伴相随，同时解决掉它们是春秋战国时期一流政治家们谁都想挑战的课题，但也是谁都无法解决的难题。即便如此，只有那些不对这一难题搁置不管的人才能生存下去，内忧和外患中只要有一个处理不好，这些人就会从世上消失。

　　当勾践落入夫差手里时，夫差产生了已经完全解决了内忧和外患的错觉。在他看来，勾践本是一国之主，现在却沦落为卑贱的马夫，因此不过是个卑微无能之人；而范蠡却依然要追随这样的主人，是个让人同情的可怜之人。但是不管怎样，这两人都是不足为惧的小人物。现在夫差要得意扬扬地去征服中原了。

1. 夫差决意征服中原

在击败勾践的那年夏天，夫差出兵去攻打西边的陈国，这是为了报复陈国在父亲阖闾攻打楚国时不帮吴国反而帮助楚国的行为。虽然这种报复合情合理，但是所选的报复时机很有问题，因为正常的君主不会在一年之内连续两次远征。

夫差让越国臣服吴国这件事，在楚国也成为热议的话题。夫差居然只出兵一次，就攻下了连攻陷楚国国都的阖闾都无法战胜的越国，楚国的君臣非常惶恐不安。

"阖闾只是善于使用百姓作战，就在柏举打败了我们。听说他的儿子比他还要厉害，以后该怎么办呢？"

于是令尹子西对君主和大臣们说道[1]：

① 《国语》中这段话是蓝尹亹对子西说的，《左传》中则是子西在朝廷上对君臣们说的，这应该是《左传》把《国语》中蓝尹亹回答子西提问的内容直接照搬了过来。在其他部分中也出现了相似情况，同样的话在《国语》中是由蓝尹亹所说，在《左传》中则是由子西所说，由此可推测，蓝尹亹应该是子西政治上的顾问。

"大夫们只需担心你们彼此间不相和睦，不必去担心吴国。过去，阖闾吃饭不吃两道菜，睡觉不铺两层席子，房子不建在高坛上，器物不加漆色和雕刻，宫室不建高台楼阁，车船不加装饰，衣服和用具简朴实用。在国内发生灾祸时，亲自巡视，安抚孤寡，资助贫困之人。在战场时，煮好的食物一定是分给将士们吃过后自己才吃，美味佳肴一定会与步兵、车兵们一起分食。而且阖闾十分怜恤百姓，与他们同甘共苦。所以吴国百姓生时不觉得疲惫，死时不觉得是枉过一生。现在我听说，夫差住处有楼台池沼，睡觉有嫔妃宫女；即使出门一天，也要随身带齐玩赏爱好之物；积聚珍奇，享乐为务；对待百姓如同对待仇人一样。每天都在不断地使唤百姓，最后只能先自取灭亡。这样的夫差，如何能打败我国呢？"

于是楚国决定支援陈国，与吴国展开长久战。

夫差喜好战争的传闻也传到了中原。子西之前攻打了引入吴军、让楚国蒙耻的蔡国，并让蔡国迁走国都。蔡国于是再次投靠了吴国，不过他们忘记了吴国的主人已经由阖闾换成了夫差。夫差虽然外表上看起来很讲信义，但实质上是一个无信义的人。

吴国的洩庸带着礼物进入蔡国时，暗中把吴国军队一并带入蔡国，准备攻打蔡国。蔡国人此时才恍然大悟，蔡昭侯将实情告诉了大夫们，杀死了公子驷，安抚了国人，并将宗庙迁到了州来。州来常常是吴楚两国对峙的地方，因此蔡国国都应该是迁到了吴国的附近。

但是《史记》中记载的是，这件事是蔡昭侯和吴国串通好的。楚昭王不可能喜欢引来吴军给楚国带来耻辱的昭侯，因此蔡昭侯对楚国一直怀有戒心，从这点来看，《史记》中的记载也有一定的道理。但是不管真实情况到底如何，蔡昭侯在第二年访问吴国时，被蔡国人偷偷派去的刺客杀死了。史书中解释刺杀的原因是，蔡国人担心蔡昭侯再次听从吴国的命令迁移国都。如果蔡昭侯不插到吴国和楚国中间，或许就不会遭遇这样的不幸了吧。

2. 楚昭王去世

在吴国袭击蔡国的第二年（前490），楚国对秦岭东部、洛水以南的蛮族展开了攻势。晋国当时因为赵鞅与范氏和中行氏间的内战，没有介入这场战争。从灭亡危机中走出来的楚国认为夫差的实力比不上阖闾，所以准备反攻吴国。为了动用方城一带的军队，楚国决定先平定好后方。当时晋国因内战无暇顾及其他，也给楚国创造了平定北方领土的好时机。

楚国左司马眅和叶公沈诸梁召集了蔡国人和方城外的人，宣称："吴国将要溯江而上进入郢都，大家都要奔走听命。"

散播这一假消息后，楚军突然改变行军方向去攻打秦岭东边的蛮族。蛮族的君主逃到了附近的晋国领地阴地。楚军立刻紧追到阴地，威胁把守阴地的士蔑交出蛮族的君主，否则将不惜一战。当时赵鞅正在东边征伐顽强抵抗的荀寅和范吉射，根本没有精力去管这件事，于是士蔑立刻就把蛮族君主交给了楚军。

这件事过去两年后，夫差再次攻打陈国，这次楚昭王决定亲自去援救陈国。楚国花了很长时间治理内政，现在北方也平定了，终于到了可以反击的时刻。这一年秋天，当楚昭王和令尹子西、司马子常一起出动驻扎在城父准备与吴军决一胜负时，年轻的昭王却因为劳累过度病倒了。当时楚军对战争的成败进行了占卜，占卜的结果是出兵不吉利，退兵也不吉利。于是年轻的昭王做出决定："（进退都不吉利的话）那么就是说我肯定会死的，但是如果让楚军再次失败，那还不如死。抛弃（与陈国的）盟誓、逃避仇敌，也不如死。同样是死，不如以死来报仇吧。"

其实在昭王出征之前，楚国曾因出现不祥之象而进行过占卜。那一年在郢都，天空中出现了像一群红色的鸟一样的云彩，云彩夹在太阳两边，持续了整整三天。昭王派人询问成周的太史，成周的太史回答道："这恐怕是有危险要降临到君王身上了，如果举行禳祭的话，可以将厄运转移到令尹或司马身上。"

昭王听完太史的话后回答道："把腹心的疾患转移到四肢上，能有什么益处呢？如果寡人没有重大的过错，上天能让寡人死吗？如果寡人有罪的话，接受惩罚就好了，为什么要转移呢？"

不过才过了十五年，当年抛弃百姓和国都的少年已经成长为一位贤能的国君。但是他最后没能战胜疾病，在战场上留下最后的遗言后辞世了。楚昭王有兄长和儿子。

楚昭王临死之前首先请求他同父异母的大哥子西来继承王位，但是被子西谢绝了；接着他想让司马子期来继承王位，但是子期也谢绝了；接下来又拜托公子启，公子启也不同意。

"请您一定要接受王位。"

昭王向兄长请求了五次，子启实在没有办法，接受了国君的命令。年幼的昭王在乱世中继承王位，可以想象他经历了多少磨难。其实昭王本身非常有才能，但是幼时被贪婪的令尹囊瓦操控，差点儿让国家灭亡。昭王留下遗言后，结束了他波澜壮阔的一生。

昭王死后，公子启与兄长们商量后，向众臣们宣布："君主舍弃他的儿子，而将王位让给我们。但是为人臣子岂敢去觊觎君主之位呢？（没有办法的权宜之计）服从君主的命令，这是顺乎情理的；（按道理）拥立君主的儿子，也是顺乎情理的。这两种顺乎情理都不能丢掉。"

于是子西兄弟们一起拥立由越国公女生下的章为王，并秘密转移军队退兵回国。

我们再重新解读一下战国时代到来的含义。以前晋国和楚国对战时，楚国君主去世的话，晋国君主会自动退兵。但是现在却是只有隐瞒君主的死亡，才能防御敌人袭击。现在已经进入了"不讲人情是非"的时代了。

成为新君主的章就是楚惠王，这也是一位很值得称赞的君主。他跟昭王一样，继位时只是个少年，但是比昭王更加睿智和优秀。他切实壮大了楚国的实力，使楚国以一种从容不迫的姿态迎接战国时代的到来。这样楚国终于重新安定下来，能够压制吴国了，这对勾践来说当然是好事。另外，虽然子西也可以继承王位，但是他仍然把越国公女生的儿子推上王位，也向越国传达了亲越的信息。反之，夫差在昭王死后则过于小看了楚国。

3. 畅通无阻的夫差和搅乱者子贡的出师

在南方，当楚国的势力衰退、吴国的势力变大后，吴国与附近国家为了争夺主导权开始展开激烈的外交战。因为这种新的势力关系的重构，夫差的步履更加矫健，一路畅通无阻。楚军退兵的第二年（前488），鲁哀公和吴王夫差在鄫地会盟。双方的目的很明确，夫差想攻打齐国，将势力扩大至中原，鲁哀公则在失去了晋国这一后盾后，想寻求能牵制齐国的新靠山，走钢丝的高手鲁国当然不可能不与新兴强国吴国过手。

此时的中原也几乎进入了战国时代，许多国家为获得更多同盟进行了激烈角逐，但当邻近国家势力变弱后则会毫不犹豫地去攻占它的国土。鲁国在窥伺着邾国，宋国在窥伺着曹国。讨伐一个国家的真正目的也变成了抢占它的国土。果然宋国灭掉了曹国，鲁国也抓走了邾国的君主。那时邾国的一名使臣逃到了吴国，他在夫差面前哭诉了邾国的处境。

"鲁国现在认为晋国衰弱而吴国遥远，倚仗着他们军队人数多，背弃了与君王订立的盟约，避开君王的执事，来欺凌我们小国。邾国不敢爱惜自己，惧怕的是君王的威严不能树立。君王的威严不能树立，这正是我们小国所担心的事。如果夏天在鄫地订立盟约，秋天就背弃它，那么四方的诸侯还怎么能臣服君王呢？"

在鄫地订立的盟约内容应该包括，没有吴国许可，鲁国不可攻打其他诸侯国这一条。这件事成为想要称霸中原的夫差的一个好的借口，果然吴军在第二年春就攻打了鲁国。但是这是吴国第一次北上讨伐中原国家，在遭到鲁国向导的欺骗后，吴军行军非常艰难。那时鲁国的大夫微虎组织了一个三百人的敢死队准备直接攻打吴王的帐幕，这个计划虽然很轻率莽撞，但是夫差还是很担心鲁国军队会攻过来，连续转移了三次帐幕。

吴国对路不熟悉，鲁国也一直顽强抵抗，最后吴国首先提出了讲和的请求。于是两国互换了人质，达成和解。

伍子胥对夫差的这种举动很生气。吴国紧靠长江，北方国家很难攻打过来，同样吴国也很难渡过长江去攻打北方国家。即便吴国能去攻打，如果不能在实质上占领北方国家的话，也不会得到什么实利。这是因为当吴军历尽艰辛渡过长江抵达北方时，将士们早已疲惫不堪，而援军也只能"三个月后"才能赶来。

知道夫差虚荣心比较重的特点后，许多国家开始利用夫差的虚荣心进行游说。吴军刚回到吴国，齐国使臣就来到吴国提议联合起来攻打鲁国。于是鲁国马上和齐国进行了会面，此时鲁国的外交实力依然不可小觑。第二年，齐国使节再次觐见夫差，提出了取消联合作战的计划，夫差对此非常愤怒。

"去年寡人接到了一起去攻打鲁国的提议，今年却又变卦了，寡人真不知道应该听哪些话了。"

夫差从一开始就准备攻打鲁国和齐国，现在终于得到了攻打齐国的口实。

根据《史记·仲尼弟子列传》的记载，吴国决心攻打齐国这件事背后暗藏着错综复杂的阴谋，而阴谋的核心就是孔子的弟子子贡[①]。

当时齐景公刚刚死去，这位老谋深算的政治家几乎做了六十年国君。维持公室的晏婴死了，接着景公也死了，田氏开始慢慢着手侵占齐国。田常虽然想发动政变，但是因为忌惮国内的大姓高、蒲、晏氏等，于是想转移他们的军队去攻打鲁国。

孔子听闻这个消息后非常忧心，于是召集了弟子。

"鲁国，是祖宗坟墓所在的地方，是我们出生的国家，祖国处于如此危险境地，你们怎么能不挺身而出呢？"

子路请求前去救鲁，孔子制止了他。子张、子石等人请求前去，孔子也不答应。子贡请求前去，孔子答应了他，因为子贡是能够随机应变、能言善辩之人。

子贡首先去齐国拜见了田常。

"您攻打鲁国是错误的决策，鲁国是一个难攻打的国家。它的城墙单薄而矮小，它的护城河狭窄而水浅，它的国君愚昧而不仁慈，大臣们虚伪而无能，并且它的士兵和百姓厌恶打仗，因此您不如去攻打吴国。吴国的城墙高大而厚实，护城河宽阔而水深，铠甲坚固而崭新，挑选出来的士卒精神饱满，城里有无数精兵干将，又有英明的大臣守城，因此吴国很容易攻打。"

对于子贡如此荒唐的话，田常装作没听懂。

"别人认为容易的，您认为难；别人认为难的，您认为容易。这是为什么呢？"

"我听说，'忧在内者攻强，忧在外者攻弱'，现在您的忧患在国内。我听说贵国君主多次想授予您封号，但是都没能成功，这是因为朝中有反对您的人。现在您要攻占鲁国来扩充齐国的疆域，如果

[①] 从《史记·仲尼弟子列传》的语气来看，这里加入了一些夸张的故事性成分，不过与历史真实情况并没有很大的出入。

打胜了，国君就会更加尊贵，参与攻占鲁国的大臣们也会更为尊贵，您将比不过他们的功劳。这样的话，您和国君的关系会一天天地疏远。这是因为您，对上，使国君产生骄纵的心理，对下，使大臣们放纵无羁，这将很难成就大业。一般国君骄纵的话，就要无所顾忌；大臣骄纵的话，就要争权夺利。这样，对上，您与国君感情上产生裂痕，对下，您与大臣们相互争夺，那么您在齐国的处境就危险了。所以说不如去攻打吴国，如果攻打吴国失败的话，百姓们在国外战死，大臣们率兵外出。这样，在上，没有强臣对抗，在下，没有百姓的非难，能孤立国君在齐国肆意而为的人就只有您了。"

机警的阴谋家田常马上点头应允。

"您说得非常好。但是齐国军队已经开赴鲁国了，现在从鲁国撤军转而进兵吴国，大臣们会怀疑我，该怎么办？"

"您先按兵不动，不要进攻。请让我为您出使去见吴王，让他出兵攻打齐国，那么您就可以撤兵对抗吴国了。"

于是子贡作为田常的密使来到吴国①。

子贡见到夫差后开始游说："我听说王者不绝世，霸者无强敌。千钧之重加以铢两之轻，就会失去平衡。如今拥有万辆战车的齐国想要谋取拥有千辆战车的鲁国，与吴国来争高低，我心里很替大王担心这一点。况且去救援鲁国可以显扬名声，攻打齐国可以获得大利。因此，安抚泗水以北的各国诸侯，诛伐强暴的齐国，征服强大的晋国，这绝对是名利双收的事。虽然名义上是保存鲁国，但实际

---

① 虽然无法知道子贡游说田常的具体内容，不过应该是请求不要攻打鲁国之类的话。而且从其老师孔子的性情和当时的形势来看，不可能是让田常去鼓动吴国进攻齐国，让齐国大臣战死在战场上，这点从后来的齐吴决战中田氏一马当先、浴血奋战中也可以看出。但是子贡在鲁国请求吴国攻打齐国这件事上发挥了一定作用，这点是毋庸置疑的。另外，根据《左传》的记载，鲁哀公和夫差会面时子贡也在场，由此可推测子贡是收到了鲁国君主的命令之后去访问吴国的，因此夫差和子贡的对话比较具有可信度。

上是削弱齐国，聪明的人对此是不会有所犹疑的。"

夫差回答道："您说得很对。但是寡人曾经和越王打过仗，将其围困在会稽山，如今越王苦身养士，有报复寡人之心。等寡人灭掉越国后再按您的话做吧。"

"越国的力量比不过鲁国，吴国的强大比不过齐国，大王把齐国搁置在一边去攻打越国的话，那时齐国早已平定鲁国了。况且大王还想得到援救鲁国的名声，现在却去攻打弱小的越国，畏惧强大的齐国，这不是勇敢的举动。勇敢的人不回避艰难，仁慈的人不让弱小陷入困境，聪明的人不会失掉时机，施行王道的人不会让一个国家灭绝，以此来树立道义。如今保存越国可以向各国诸侯彰显大王的仁德，如果大王再援助鲁国攻打齐国，并向晋国施以威力的话，各国诸侯一定会竞相来吴国朝见，大王的霸业就可以实现了。如果大王果真忌惮越国，我请求向东去会见越王，让他派出军队跟随大王去讨伐齐国，这名义上是带领诸侯去讨伐齐国，实际上则是使越国空虚。"

夫差非常高兴，于是派子贡为使臣去访问越国，子贡就这样把吴国的枪尖儿转向了齐国①。

---

① 这里简单介绍一下《史记·仲尼弟子列传》中出现的内容。根据其中的记载，子贡去越国告诉他们如何对待吴国的计策，然后又赶到晋国让其防备吴国，但是作者认为这应该是杜撰出来的故事。例如，接下来文中出现"子胥以谏死，太宰嚭用事"这样的语句，但是伍子胥在齐吴艾陵之战后就已经死了，因此这个故事明显是后人编造出来的。还有一点需要强调，这并不意味着司马迁不知道这一事实或者说是司马迁在随便编故事。《史记》具有收录有文学价值的故事的倾向。子贡的游说可以说比电视剧还要富有戏剧性，所以被司马迁收录到了《史记》中。但是作者认为将原本的事实尽可能还原，这将有助于读者做出正确判断，因此参考了《国语》中的内容。不过伍子胥一贯的坚持就是，如果无法阻止夫差北上，那么就要先平定南方。

4. 伍子胥的谏言——"请杀死小蛇"

夫差将视线转向中原准备与齐国决一胜负时，勾践回到了越国，开始费尽心力召集国人准备复仇。在吴国待了两年后被释放的勾践，为了洗掉自己受到的耻辱，开始偷偷地打磨复仇之剑。越国的基本外交策略是"结齐，亲楚，附晋，厚吴"。即在力量不足时先利用吴国的敌人楚国来削弱吴国，接下来鼓动吴国、拉拢齐国制造南北夹攻之势，最后与强大的晋国联合颠覆吴国。但是勾践都还没来得及实施这一策略，夫差就主动将这一策略付诸实践了。

在吴国，伍子胥一方面努力说服夫差在讨伐中原前要先攻克越国，一方面则做好攻打越国的准备，但是子贡的话让夫差产生了动摇。并且在攻打越国前夕，越国大夫诸稽郢前来吴国求和，这让夫差攻越之心更为动摇①。

接下来，我们去看一下，听闻吴军要攻打越国的消息后商议对策的越国朝堂吧。

勾践本来是想直接反击吴军，但是遭到了文种的劝阻。

"吴国与我国的命运，只凭天意决定，君主没有去应战的必要。自从伍子胥和华登（从宋国逃到吴国的人）选拔训练吴国的勇士以来，吴军还不曾被打败过。君主不如勒兵自守，同时用谦卑的辞令

---

① 接下来的对话主要引自《国语》。该对话出现在《国语·吴语》的开头，部分注释家认为这段话描写的是勾践被围困会稽山时的情形，但是仔细推敲这段文字的话，可以发现它其实描写的是吴国讨伐齐国前夕的情形。"而又宥赦之""越国固贡献之邑也"等语句使用的全部都是过去时态，说明在过去越国就已经把国家献给了吴国，如果对话发生在会稽山求和期间，那么不可能出现这种情况。另外，吴越第一次讲和时的主人公是文种，吴国想在讨伐北方国家之前平定后方时，越国派来的求和使臣是诸稽郢。这样的话，《国语》中接下来的内容"吴王夫差乃告诸大夫曰""孤将有大志于齐"等就可以理解了，伍子胥说的话也能衔接得上了。

向吴国求和，让吴国的百姓高兴，让吴王的野心膨胀。我将为此卜问上天，上天倘若要抛弃吴国，必定会让吴国答应我们的求和，并且让其不会满足于我们的求和，而是怀有称霸诸侯的野心。等到它的百姓疲惫，天灾又夺去它的粮食时，我们就可以安安稳稳地得到吴国的百姓们，那时吴国也就只能灭亡了。"

于是勾践派诸稽郢去吴国求和。

"我们国君勾践派下臣郢来，不敢公开以玉帛表达敬意，只敢私下对贵国的办事人员说：'过去敝国遭祸，得罪了大王。大王亲自起兵，打算惩罚勾践，但又宽恕了勾践。大王对敝国的恩德，就如同让死人复活、让白骨重新长肉一样。勾践不敢忘记上天降下的灾殃，又岂敢忘记大王的恩惠呢！勾践现在重遭祸事，这是因他没有德行。草野鄙贱之人，岂敢忘记大王的大德，而去计较边境上的小怨，以至再次得罪大王的侍从呢？勾践亲自率领几名老臣，在边境上叩头求饶，等待大王治罪。

"现在大王没有细察勾践的心思，就在盛怒之下打算出兵讨伐敝国。但是敝国本来就是进献给贵国的城邑，哪里需要大王下令让军士屈尊来讨伐呢。所以勾践请求缔结盟约，并送上一个嫡生女儿，拿着箕帚去王宫里侍奉大王；送上一个嫡生儿子，捧着盘匜跟仆人一起伺候大王；春秋两季都会进献贡品，不会让王府的物品有供应不足之时。大王又何须屈尊来制裁敝国呢？而且我们进献贡品也是遵照天子向诸侯征税的礼制。谚语说，狐埋之而狐搰之，是以无成功。大王扶植敝国的圣明已经闻达于天下，现在又想消除它，这会让大王的功劳化为乌有。如此一来，四方的诸侯又如何能真心臣事贵国呢？勾践冒昧地派下臣把这些话告诉大王，只希望大王能考虑利益和道义，做出合适的决定。'"

虽然言辞太过恳切卑微，一般必定有诈，但是夫差喜欢听的就是这样的话，所以听完诸稽郢的话后，他就向大夫们宣布："寡人有讨伐齐国之大志，想同意越国的求和请求，你们不要违背寡人的意愿。如果越国已经悔改，寡人对它还有什么要求呢？如果它不悔改，寡人将挥师讨伐它。"

伍子胥马上站出来反对："不能答应越国的求和。越国对我国并不是真的忠诚，也不是害怕我们军队的强大。越国大夫文种有勇有谋，将会把我国玩弄于股掌之中，然后攻占我国。他了解君王喜欢逞威斗胜，所以用尽婉转驯服的言辞来求和，并纵容君王的心志，鼓动君王插手中原国家的事情，想借此来削弱我国的力量。等到我们军队的锐气大减、百姓流离失所时，他们就可以轻松地获得我们的百姓。现在越王恪守信用，爱惜百姓，四方百姓都归顺他，每年都是丰年，势力一天天壮大。但是现在我们还能打败越国。是小蛇的时候不摧毁它，等到小蛇长为大蛇时，将要怎么做呢？"

夫差对于伍子胥的劝谏感到很厌烦。

"大夫怎么总长越国的威风呢，越国真的足以成为大的忧患吗？如果没有越国，那寡人春秋演习时向谁炫耀寡人的军队呢？"

"夫差宣布接受越国的求和请求，并准备去讨伐齐国。于是，伍子胥再次以父亲对待儿子之心劝说夫差："过去上天把越国送给我国，而君王没有接受。天命也会有反复，现在勾践因为恐惧，开始改变策略，废弃了残酷的法令，减轻了百姓的赋税，实施百姓所喜欢的，除去百姓所厌恶的，让百姓富裕起来，现在越国的人口数量庞大，足以充实军队。越国是我国的一个心腹之患，越王没有忘记被我国打败的耻辱，一直耿耿于怀，让士兵勤于操习，等待向我们报仇的时机。现在君王不考虑对付越国，却去操心齐国和鲁国的事情。如果把齐国和鲁国比作疾病，它们不过是疥癣之类的小病，它们如何能渡过长江和淮河来与我们争夺土地呢？而将来越国一定会夺占我们的土地。

"君王应以先人为鉴，不要只用水作镜子。过去楚灵王不行君道，臣下的数次告诫、劝谏他都不听。他在章华宫上建造台榭，凿石为椁，堵住汉水，效仿尧舜。这让国家疲惫不堪后，楚国不想着治理方城之内的国土，反而想着去侵犯陈国和蔡国，想着越过许多中原国家去图谋东方的国家（吴国和越国），为此他花了三年时间才渡过汾河和沮河。他的百姓再也无法忍受饥饿劳累之苦，三军在乾谿背叛了楚灵王。楚灵王只身逃亡，惶惶不安地流窜于山林之中，三天后才碰见宫中侍卫的涓人畴，于是向他呼救说，'我已经三天没有吃东西了'。灵王枕着他的腿睡着了，睡醒后发现畴用土块代替枕头早已抽身离开。灵王爬到了棘城的大门前，但是棘城的守门人不给他开门，最后在芋尹申亥家上吊自杀，申亥在家里埋葬了灵王的尸体。这些都是牢记史册的事，怎么可以被诸侯们轻易遗忘呢？"

伍子胥讲到了自己祖父侍奉国君的事情，他祖父虽然是楚国的名臣，但是最后却没能改变灵王。他接着说道："现在君王改变了当年鲧和禹治水的功业，让高地更高、低地更低，百姓也因为修筑姑苏台[1]而疲惫不堪。上天又夺去了我们的食粮，都城边邑连年饥荒。君王现在违背天意而去攻打齐国，我国的百姓们将会离散了。国家倾覆的话，百姓就像一群野兽那样，一只野兽中了箭，整群野兽都会逃开，那时君王将如何收拾这样的局面呢？越国人也必定趁机来侵袭我们，那时即使后悔，还来得及吗？"

伍子胥是一个说话很直接的人。他以楚灵王之鉴来劝谏夫差。直戳痛处也好，委婉劝说也好，他希望用自己祖父的故事达到说服夫差的效果。但是夫差因为自己的野心和虚荣失去了基本的判断力，越来越疏远伍子胥，野心和私欲也在迅速膨胀。

---

[1] 治水从根本上来说就是增筑堤坝防止低地被淹、挖沟降低河道让高处的水通畅的工程，是一种顺应地形高低疏通河道的"高高下下"工程。这里伍子胥说的是夫差不断修筑高台、挖深低池而让百姓疲惫不堪。

5. 勘破天意——夫差的运河

《左传·哀公九年》的记载非常简略，但是有一句值得注意的话：

> 吴城邗，沟通江淮。

这句话到底是什么意思呢？从邗（现在的扬州）到淮河干流足有五百里远，如何能够挖掘沟渠呢？杜预对此注解道：

> 于邗江筑城穿沟，东北通射阳湖，西北至末口入淮，通粮道也。

现在可以理解了。当时长江紧挨着现在的扬州城，淮河和长江之间的淮中平原地势低缓平坦，河湖星罗棋布并与淮河相通，因此只要在地势相对较高的邗江筑城穿沟，就可以建成一条连通长江和淮河的长距离运河。

夫差修建了一条用来实现自己梦想的运河，后世隋炀帝因为太过喜爱扬州又接力开凿了大运河，现在大运河道的概念与夫差的运

古运河的入口（左图）和运河通过扬州（右图）

河完全一致。连通太湖和长江的工程是由父亲阖闾完成的，连通长江和淮河的工程则是由儿子夫差完成的。后人又相继完成了连通淮河和济水、济水和黄河、太湖和钱塘江（富春江）的工程，从而形成了今天的大运河。吴国和北方间的战争竟意外馈赠给中国一条横贯南北的大运河。

　　但是对于开挖运河的人来说，这当然不是一件好事。因为它消耗了太多的民力和物力。吴国是人口相对较少的国家，可以想象为挖掘这条大河道，百姓们付出了多大的代价。

　　原邗城的地方如今耸立着一座巨塔，作者站在塔顶上想眺望长江，但是没能看到。不过在夫差挖掘运河的当时，长江就在邗城附近。夫差可能缺乏管理人的能力，但是他的野心绝不仅限于小小的越国，这点从这项巨大的工程上就可以看出来。

　　人类在很久之前就已经开始挖掘运河，在早于夫差的一千年前，美索不达米亚人就已经开始使用运河。但是美索不达米亚人修建运河是为了用小船来运输物品，而不是连通两大水系运送攻打敌国的军队。是夫差的器量大得超出了想象吗？还是这只是一种不切实际的臆想？或者是夫差想借此打击事事牵制他的伍子胥的气焰？

扬州邗城的遗址　夫差连通长江和淮河。在古代，邗城的南边就是长江。

"连通淮河和长江有什么难的？寡人愿意的话，淮河和长江间的陆地上也能通船！"现在夫差攻入北方的路又多了一条。

在这之后的第二年，有一条更有趣的记载：

> 徐承师水师，将自海入齐，齐人败之，吴师乃还。

这也是最早的有关登陆战的记载。吴军的船从淮河河口出发，绕过山东半岛，在济水河口发起登陆战，这次作战发生在公元前5世纪。如果不是临海的吴国的话，根本没人能想出这个战术；如果不是把水作为实现自己野心的最佳工具的夫差的话，也根本没人能有这种新奇的想法。

运河和海上着陆作战也证明了夫差的野心之大。

6. 伤痕累累的胜利——吴齐艾陵之战

公元前485年，梦想成为中原霸主的夫差组织吴、鲁、邾、郯四国联军开始北上。吴军的船队沿着杞水抵达泰山南边时，曾为齐国友邦的泰山南边的小国们屈服于吴国的威力纷纷加入吴国一方，这是极有可能的事情。那时吴军从海上发起登陆战，但是最后以失败告终。适逢当时齐国发生了君主悼公被臣下鲍牧弑害的事件。战争虽然是从鲁国请求牵制齐国开始的，但是当时因收回与吴国联合攻打鲁国的承诺而与夫差结仇的人正是齐悼公，现在齐悼公死了，夫差失去了攻打齐国的充足理由。

不过夫差显然不是能就此收手的人。虽然救援鲁国符合名分，但夫差真正的目的是夺得中原霸权，夫差通知鲁国很快就会再次攻打齐国。第二年（前484）春，齐军攻至鲁国郊外以报复鲁国勾结吴国攻齐。鲁国仅靠自身的力量根本无法抵挡齐国的攻击，于是鲁哀公再次向吴国求救。而夫差似乎一直都在等待这一刻，立刻就答应了鲁国的请求。

从遥远的南方沿着长长的水路北上而来的吴军终于发起进攻，鲁国配合吴国的攻势在西南方对齐国发起进攻，双方在这次战争中都动用了大规模的军队。父亲阖闾占领了楚国国都，儿子则要摧毁仅次于楚国的一个北方国家。齐国朝廷大臣们对吴国非常了解，明白齐国如果像楚国一样被吴国打败，将会面临多么可怕的结局。

齐国的大氏族和公室的主要成员全部都投入到了这场战争中。吴国虽然与齐国实力不相上下，但是由于鲁国帮助吴国，所以战争走向并不明朗。

齐军在艾陵的城墙处布置了大量的攻击用战车。春秋末期最惨烈的一场大会战就要开始了。

夫差率领中军，胥门巢率领上军，王子姑曹率领下军，展如率领右军，吴国的四大军团和鲁国君主率领的战车军团全部参与了作战，单从战斗兵力来看就有五万到七万名。根据记载，当时鲁国最大氏族季孙氏率领的壮兵有七千名，因此鲁国的兵力至少也在两万名以上。

齐国以传统的三军队形来应战，齐国的国书率领中军，高无邳率领上军，宗楼率领下军。田乞（陈僖子）对他的弟弟陈书说："你要是战死，我一定能够达成志望。"

这句话的意思是对方如果战死的话，自己一定会夺取齐国政权。下军的队长宗楼和闾丘明相互勉励务必要拼死一战；公孙夏让部下唱葬礼上唱的歌；陈逆让部下准备放到自己尸体嘴里的玉；公孙挥命令部下"每人拿根八尺的绳子，吴国人头发短"，来鼓舞士气；东郭书决心"我打三次仗后一定会死，现在就是第三次了"，把琴作为礼品送给弦多，与之辞别，"我不会再见到您了"；陈书也决心"这次去我只听鼓声（只前进），不听金声了（不后退）"。

战争终于拉开了帷幕，这是一场实打实的激烈大战。首先吴国右军和齐国上军进行了激烈交锋，吴国右军击败了齐国上军。当然齐军的实力也不一般，接下来其中军击败了吴国上军，但是夫差的中军非常强大，在击败齐国中军后，又依次击败了齐国其他部队。

　　齐军的必胜意志在夫差强大的武力面前没能发挥什么作用。齐国的中军队长国书、闾丘明、陈书、东郭书、公孙夏以及无数将士都在这次战争中战死，高张和国夏则被俘虏。从战斗结束后，夫差送给鲁国八百辆革车和三千名甲兵首级的战利品就可以看出这次战争是多么的惨烈。自晋秦的崤之战以来，中原就没再发生过这么大规模的杀戮战争。当时齐军从艾陵城墙里奔涌而出，所以吴军战死者的数量也非常巨大。两军的伤者更是不计其数。

　　夫差从这次巨大的牺牲中得到了什么吗？南方湿气重，而且路途遥远，所以缴获的笨重革车根本无法使用，于是都送给了鲁国，齐国将士的首级也不能换成财物。当然吴国重要将士们的首级也被齐国用草绳绑好运走了。夫差最终人财两空，仅仅得到一个吴国强大的虚名。

　　当然吴国还有另一个收获，那就是成了齐国不共戴天的仇敌。吴国已经和楚国是不共戴天的仇敌，现在和齐国也变成了这样。与两个跟自己实力相当的大国结仇，显然以后会有很多兵戎相见的日子。那么吴国得到鲁国的忠心了吗？战争结束的第二年，吴国要求与鲁国重温同盟盟约，但是遭到了鲁国的拒绝。虽然鲁国辩称以前的盟约不重温也依然有效，但实际上是在看齐国的眼色而已。那么吴国得到中原国家们的尊重了吗？在战争结束的第二年，吴国邀请卫国君主会盟时，卫国的子木对君主说道："吴国虽然无道，但足以成为我们卫国的忧患，请君主答应吴王前往会盟。大树倒下，怎么会不殃及周围呢？一条狗发疯时都会乱咬人，何况是那么大的一个国家呢？"

　　中原的国家们对吴国的看法基本上与子木一致。吴国是将来会倒下的大树，不要待在它的周围；它是发了疯的狗，现在只要不被它咬到就行。

那么吴国占领齐国国土了吗？答案是一寸都没有。夫差只是被鲁国利用了而已。夫差为了霸王的虚名在艾陵将手足般的人们推到了绝境。

而此时身在南方越国的勾践正暗自欢喜。夫差因为这次战争除了失去无数将士外，还失去了谁呢？答案是失去肱骨之臣伍子胥。

第 14 章

勾践——卧薪尝胆
终结吴越争霸

现在终于要看到勾践的复仇剧了，司马迁记录了勾践回到故国决心复仇的情形。

> 吴既赦越，越王勾践反国，乃苦身焦思，置胆于坐，坐卧即仰胆，饮食亦尝胆也。曰："女忘会稽之耻邪？"身自耕作，夫人自织；食不加肉，衣不重采；折节下贤人，厚遇宾客；振贫吊死，与百姓同其劳。
>
> ——《史记·越王勾践世家》

勾践是心脏如钢铁般冷硬的人物，他就像铁匠铺淬火的铁块，越是锤打就越刚强。虽然内心复仇的热血不断沸腾，但是外表却犹如冬天的钢铁一样冰冷。反之，夫差的野心昭然若揭，但是内心却很虚空。勾践没有坚守的原则，时刻都能随机应变。夫差误解了勾践，但是勾践却非常了解夫差。在这误解和了解之间，复仇剧达到了最高潮。

1. 勾践——为复仇尝粪便

我们先通过几个故事来看一下勾践在吴国是如何忍辱负重的，当然这些故事明显带有夸张成分，不过从后来真实发生的历史事件来看，这些故事也并不能完全说是编造出来的。勾践为了脱离绝境甚至曾尝过夫差的粪便，《吴越春秋》中记载了这个故事。

跟随勾践去吴国做人质的范蠡知道伍子胥一直想除掉勾践，于是拜托伯嚭从中斡旋，不给伍子胥机会。恰好当时夫差病了，范蠡于是向勾践提议道："吴王肯定不会因这次病死去，到巳日就会转好，希望君王留意。"

"寡人落到如此境地而不愿赴死，全都是相信您的计策。请不要犹豫，全部都说出来吧。不管可不可行，寡人都会按照您说的去做。"

"我仔细观察吴王，他真的不讲人道。他多次提到成汤的仁义，却不付诸行动①。君王去请求为吴王看病，获得准许后，向他们索

---

① 在《史记·殷本纪》中记载了汤（成汤）的仁德。成汤在郊野看见四面

要吴王的粪便，品尝粪便，观察吴王脸色后，向吴王道贺，告诉他病愈的日子。如果君王猜对病愈的日子，一定会获得吴王的信赖，那么以后还有什么可担心的呢？"

然后勾践通过伯嚭得到觐见夫差的机会。当时恰逢夫差刚刚大便完，于是勾践用手取了夫差的大便放到嘴里品尝后，马上向吴王道贺："下囚勾践祝贺君王。君王的病到巳日就会转好，到三月壬申日就会痊愈。"

夫差很惊讶，于是问道："您是怎么知道的？"

"下臣曾经拜师学过尝便之法。粪便会顺应谷物的味道，当粪便味道顺应谷物的时节，身体就会健康；与谷物时节相逆，身体就会患病。现在尝过君王的粪便后，发现其味道苦而酸，这一味道是顺应了春夏之气。所以下臣才知道君王之病不久后会痊愈。"

夫差感叹道："真是位仁义之人啊！"

果然，夫差的病不久就痊愈了。夫差也因为这件事对勾践放下了戒心，开始产生放其回越国的想法。

这个故事即便不是真的，也是由一位非常了解夫差性情的人编写的。

2. 复仇剧的开始——除掉伍子胥

在勾践的复仇剧中，阴谋和正道双管齐下。复仇始于阴谋，终于正道，而阴谋的第一个目标就是身为夫差左膀右臂的伍子胥。

（接上页）都张着的罗网，张网的人祝祷说，"自天下四方皆入吾网"，但是成汤让人把罗网撤去三面，让张网的人祝祷说，"欲左，左。欲右，右。不用命，乃入吾网"，这里强调的是圣人对野兽也会施恩德。范蠡斥责夫差虽然嘴上说对待勾践要像汤王一样仁德，但在行动上却完全不是。

勾践回国后，花了多年时间发展壮大越国国力，准备讨伐吴国。而此时吴国正准备攻打齐国。当时越国大夫逢同提出了一套基本战略。

　　"国家刚从灭亡境地恢复过来，如果我们整顿军备，吴国一定会紧张戒备起来，吴国紧张戒备，一定会攻打我们。猛禽在捕食时，一定会先将自身隐藏起来，等待时机。现在吴军进犯齐国和晋国，与楚越也有深仇大恨。夫差虽然外表上尊崇天子，实际上则在危害周王室。吴国缺乏德行而功劳不少，一定会骄横狂妄。我国现在可以采取的策略是与齐国结盟（结齐）、亲近楚国（亲楚）、依附晋国（附晋）、奉承吴国（厚吴）。吴国骄横狂妄的话，一定会轻视战争。那时我们联合三国之力去攻打吴国，等到吴国疲惫时，我国再一举攻入，一定能取胜。"

　　"是非常好的策略。"

　　越王接受了大夫逢同的谏言。但是吴国有伍子胥，他对勾践以及越国大臣们的实力和性情了如指掌，因此必须先将伍子胥从夫差身边除掉。恰好当时夫差与反对他讨伐齐国的伍子胥产生了隔阂，逢同与伯嚭暗中勾结，除掉竞争对手伍子胥的阴谋就这样开始了[①]。

　　首先逢同告诉伯嚭自己要刺探伍子胥后，就去拜见了伍子胥。伍子胥狠狠地训斥了逢同。

　　"你侍奉伯嚭，迷惑君王。君王亡国，这是伯嚭的罪过。亡国的日子不远了。"

　　逢同回来后告诉伯嚭："今天为您去刺探伍子胥，伍子胥诽谤君主不信用自己，诅咒君王将绝后。"

　　于是伯嚭去觐见夫差道："伍子胥正在策划阴谋。"

[①] 《左传》中只简略记载了越国宫廷的事，没有提及逢同，《史记》中也只提到了逢同和伯嚭策划了阴谋，但没有具体提到阴谋的内容。只有在《越绝书》中有具体的描写，并且充分发挥想象力，将逢同描述为伯嚭的朋友。

❶❷越国王陵的巨大墓椁 从近处看，墓椁的木板非常厚，一块大概三四人才能抬起。底部铺着密密的木炭来防止湿气入侵。从王陵的规模可以看出南方的王权反而比中原的公室权力更大。❸王陵主人推测为允常 根据记载，允常为勾践的父亲，勾践比他父亲拥有更大的权力。

如小山般的越国王陵 周围是一圈界沟。这一带现为茶园。

伍子胥虽然很厉害，但是伯嚭是仅次于他的人物。如果将来夫差想要进军中原的话，绝对需要精通中原礼教制度的伯嚭。伯嚭自支持夫差在会稽山放走勾践以来，一直与伍子胥不和，现在终于等来了机会。在夫差带领军队去讨伐齐国之前，勾践带领部下来吴国朝见。吴王和臣下收到了勾践赠送的礼物都很高兴，只有伍子胥对此很忧心。

"这是在豢养吴国的骄气啊[①]！"

于是他再次直言不讳地劝谏夫差，也再次惹恼了夫差。当然伍子胥担心的并不只有这件事，他完全不相信勾践这个人。

"越国是我们的心头大患，它与我国同处一片土地，并且一直在觊觎着我国，我们不如早点儿把它灭掉。去讨伐齐国，就算取得胜利，也像获得了石头田一样，没有任何用处。如果不去攻下越国将

[①] 接下来的对话引自《左传》或《国语》，这两本书中没有记载的部分则引自《史记》。

其变为池沼，我国就会被灭掉了。这好比让医生治病时没有人会说'一定要留下病根'一样。《尚书·盘庚》告诫人道，'如果有猖狂捣乱不顺从命令的，就统统铲除不留后患，不要让他们的氏族再继续繁衍下去'，这就是商朝能够兴起的原因。"

伍子胥非常清楚夫差的为人，然而伍子胥却因为这份衷心让自己陷入了死地。夫差听完伍子胥的谏言后勃然大怒，不过因为伍子胥是先朝功臣，所以他也不能拿他怎么样。然而伍子胥犯了一个致命的错误，他在战争前夕出使齐国时将儿子托付给了齐国的鲍牧。《史记·伍子胥列传》中记载了伍子胥所说的一句话。

　　　　吾数谏王，王不用，吾今见吴之亡矣。汝与吴俱亡，无益也。

后世也有人因为这件事指责伍子胥，但是伍子胥本来就是这样的人。当时在失去父兄时，他不愿意枉死，所以逃到了吴国。既然他已经预测到吴国必亡，自然不可能让儿子跟随自己枉死。但是吴王已经不再相信他，而且他还被吴王宠臣伯嚭憎恶，"同病相怜"[①]故事中的两位主人公早已形同陌路。

在艾陵之战中，吴国最终战胜了齐国。伯嚭知道伍子胥把儿子托付给鲍牧后，马上就向从战场回来的夫差告密，伯嚭的话戳中了夫差心中最敏感的地方。

"子胥为人刚烈暴躁，不讲情义，又阴险多疑，他的怨恨恐怕会酿成大的灾祸。过去君王想要讨伐齐国时，子胥认为不可以，但是君王最终创下了大的功业。子胥因为自己的计谋没被采用而觉得受辱，于是产生了怨恨的情绪。如今君王又要讨伐齐国，伍子胥强行谏阻，阻挡君王的大业，他是希望我国战败从而证明自己的计谋是

---

①　根据《吴越春秋》的内容，伍子胥的一个朋友认为伯嚭的面相不好，建议把伯嚭赶走，但是被伍子胥以"同病相怜"为由拒绝。伯嚭也是在伍子胥的帮助下才得以在吴国安定下来的。

正确的。现在君王亲自出征，出动全国的兵力来讨伐齐国，没有采纳伍子胥的劝谏，于是伍子胥假称有病不随君王出征。君王不可不戒备，一不小心可能就会引起祸端。另外嚭派人暗中探查，发现他出使齐国时，把儿子托付给了齐国的鲍氏。为人臣子，在国内不得志时，就想依靠国外诸侯。而且他常以先王谋臣自居，如今不被信用，就怀恨在心。希望君王能早日做好打算。"

这正是夫差一直在等的话，于是他马上附和道："就算没有你这番话，我也怀疑他了。"

于是夫差召见并审问了伍子胥。

"过去先王德高圣明，通达上天的意旨，与大夫就像两位农夫（阖闾和伍子胥）一起耕作，割除四方杂草一样，挫败楚国立下威名，这都是大夫的功劳。如今大夫已年老，却又不肯自安于闲适的生活，在内则尽动些坏脑筋，在外则使我的部众受难，扰乱法度，尽说些加害我国的话。现在上天降福我国，让齐军屈服。寡人不敢自夸，这都是先王的军队得到神灵佑助的缘故。现在寡人冒昧地告诉大夫。"

然后他赐给伍子胥一把名为属镂的很锋利的剑。

伍子胥岂是胆小之人，他卸下腰上的佩剑，直言道："过去先王一直有辅佐的贤臣，用来帮助决断疑难、权衡得失，所以没有让国家遭遇大的危机。如今君王抛弃许多老臣，却和一堆黄毛小儿共商国策，宣称'寡人的命令已下，不得违背'。但是这样的不违背，恰恰是对天意的违背（夫不违，乃违也）。盲目遵从君王的命令，这将成为通向亡国的阶梯。凡是上天想要抛弃谁时，一定会先给予它小小的欢喜，而把大的忧患留在后面。君王如果讨伐齐国不能获胜，但是能有所醒悟，那么我国还可以世代延续。先王凡是有所获得时，一定会有获得的原因；凡是有所失去时，也一定会有失去的原因。先王启用有才之人，凭借他们的辅佐，才能保住基业，及时挽回危局。现在君王无故取得功业，上天屡屡赐给君王福禄，这是在缩短我国的国运。员不忍心称病退避一边，看到君王成为越国的俘虏。请求让我先死！"

伍子胥在举剑自刎之前，向身边的人拜托道："把我的眼睛挖下来挂在国都的东门上，让我看到越国攻来灭掉我国！"

伍子胥，自始至终都是一位刚烈的大丈夫，而夫差，自始至终都是一个刚愎自用的人。听闻伍子胥的话后，夫差怒发冲冠，大声喝道：

"寡人让他什么也看不到！"

于是命人将伍子胥的尸体装在马革袋子里扔到了江里。用鱼肠剑将阖闾推上王位、让吴国纵横江湖的伍子胥，最终死在了同一剑下。但是伍子胥如斩断春秋一轴的英雄一样，至死也没有失掉威严。

3. 勾践的变法自强——人口即国力

勾践虽然具有黑暗阴谋家的资质，但是在遭遇重大失败后，在处理内政上选择了正道。在战斗中虽然需要一些阴谋手段，但是将这些用在百姓身上则是不行的。勾践在非常短的时间内就将越国变为强国。对于臣下们呈上的好计策，他会直接采纳，从不怀疑或拒绝。

勾践从吴国回国后，立刻向范蠡询问复兴越国的策略。

"想要处理政事得当，应该怎么做呢？"

范蠡回答："想要处理政事得当，应该顺从地道，只有大地能包容万物，成为一个整体。大地生长万物，蓄养飞禽走兽，然后给予它们应得的名声，享受它们回赠的利益。凡物不论好坏美丑，都让它们生长以滋养生命。时令不到，生命不可以强求；事情没有周密准备，不可以勉强成事。顺乎自然，权衡天下大势，等待时机到来再加以匡正（天下），才能在适宜的时机下使天下稳定。君王应同百姓共一切劳作，消除百姓的祸害，才可以避免上天降下灾殃。要开辟荒地，充实仓库，让百姓富足。百姓仓库虚空，会成为引起祸乱的原因。时运常会逆转（吴越的逆转），事情常会有间隙可乘（吴国君臣反目），只有懂得天地常规，才能把握天下的有利时机。如果事情一时没有间隙可乘，天时还没有逆转的迹象，就应该专心安抚、教化百姓，然后等待时机的到来。"

关键是现在时令还没到，还需要保护百姓，让国家富有。从这里可以看出勾践对范蠡的完全信赖。范蠡提出了更为具体的方策，并推荐了能做这件事的合适人选。

"寡人的国家就是您范蠡的国家，您好好谋划一下吧！"

"在国境以内，治理百姓如果能享受三季之乐（播种、培植和秋收之事）、不扰乱农事、不违反天时（农时）的话，那么就会五谷丰登、人口增加（民乃蕃滋），君臣上下彼此心意相通，互相满意。这些事，文种比我更擅长。在国境以外，对付敌国、决断大事，要顺应阴阳的变化，遵循天地的常规，做到柔顺而不屈服、坚强而不生硬。赏和罚的施行要遵循天地常规，生和杀的掌握要遵循天地的刑赏。天依据人，圣人依据天。人怎么行动，天地就会显示怎样的征兆，圣人根据天地的征兆去完成大事。所以在战场上取胜后不必害怕遭到报复，夺取敌人土地后不会再返还，军队在国外取得胜利，给国内带来福分，即便用很少的力，也能让国家名声卓著。（是故战胜而不报，取地而不反，兵胜于外，福生于内，用力甚少，而名声章明。）这些事，我比文种更擅长。"

"好吧。让文种来治理内政吧。"

这段话对后世的阴阳家、纵横家、道家等都产生了巨大影响。虽然这段话看起来很简单，但是却蕴含着非常深刻的道理。它所要强调的核心就是在机会完全到来之前，务必做好充分的准备，而一旦时机到来，务必取得完全的胜利，不要留下任何让敌人报复的机会和仇恨的可能。

事实上这段话与伍子胥对阖闾所说的话基本一致，这是范蠡从伍子胥那里学习过来的内容①。伍子胥的话很直接犀利，范蠡的话则很委婉含蓄。范蠡的这段柔和之语显然比伍子胥的强硬谏言更为有效。当然范蠡并不完全是一个柔和的人，如果说伍子胥是外刚内柔，那么范蠡就是外柔内刚。

将政事委任给范蠡和文种后，勾践做的第一件事就是增加国家人口数量。根据《国语》记载，当时勾践统辖的地区只有方圆一百里，且四周都是沼泽地，因此无法在国都附近施行井田制。但是沼泽地里可以种植水稻，四季可以捕鱼，草木也很茂盛，适合饲养狗或猪等家畜。因此勾践决定施行繁衍人口以弥补国土不足的强国政策。勾践为增加人口数量所推行的政策比我们现在所知道的还要先进。《国语》中详细记载了越王勾践的生育政策，接下来我们就以《国语》为中心来看一下勾践所施行的正道②。

越王墓刻在石板上的肖像
❶越王勾践
❷越大夫范蠡
❸越大夫文种

---

① 《越绝书》中指出，范蠡可能是把伍子胥当作榜样并直接采用了伍子胥的兵法。范蠡本来是楚国人，因此这种猜测具有充分的依据。范蠡认为伍子胥是遵循天运去了吴国，自己本来也打算去吴国，不过因为伍子胥已经在吴国了，于是改变方向来到了越国，"吴越二邦，同气共俗，地户之位，非吴则越"。另外，《吴内传》中有更为直接的描述，指出范蠡看到伍子胥的教化在吴国得到广泛推广后，于是不忍心再去讨伐吴国。

② 下文不特别标注出处的内容均引自《国语》。

勾践召集了父老兄弟，宣布道：

"寡人听说，古代的贤君能让四方的民众都愿意归附他，就像水往低处流一样。现在寡人没有那样的能力，所以要和大家一起多生儿育女，增加人口数量。"

四方民众不愿意归顺的话，只要在国内多生育子女就可以了，真是符合勾践风格的想法。不过事实上这是结合范蠡的企划力和文种的实践力而制定出来的纲领。于是勾践颁布了下面的政令：

壮年男子不准娶老妇。

老年男子不准娶壮妻。

女子十七岁还不嫁人，她的父母就要论罪。

男子二十岁不娶妻，他的父母也要论罪。

有要生孩子的报告上去，公家派医生照顾。

生了男孩，赏两壶酒，一头猪；生了女孩，赏两壶酒，一条狗。

生三胞胎的，公家供给乳母；生双胞胎的，公家供给粮食。

长子死了，免除三年徭役；次子死了，免除三个月的徭役。

勾践的政令简明而实际。生了孩子的话，国家一起帮助抚养，年轻人死了的话，国家会一起为之悲伤。要结婚，要生子，不管是儿子还是女儿，要多生！国家会帮助照顾新生儿！尊重年轻人，呵护年轻人！年轻人是国家的栋梁，年轻人死了的话，国家一起为之悲伤！

子女死了的话，国君一定亲自去参加葬礼，就像对待自己的子女一样。勾践非常重视生育和儿童福祉，凡是鳏夫、寡妇、病残和贫弱家庭的孩子，均由国家来替他们抚养，这可以说是一种全面的儿童福祉政策。

颁布了增加人口的政令后，勾践开始磨砺自身。他为那些有才干的人提供良好的衣食住行，并很谦逊地向他们学习；坐着载满粮油的船出行，遇到流浪的年轻人，就分给他们吃食，并一定会记下他们的名字；不是他亲自种出的粮食他不吃，不是他夫人亲自织的布他不穿；整整十年在国内不收赋税，百姓家里都备有三年的存粮。

对勾践来说不存在春秋时代传统上的国人和野人之别，他所需要的生产者和战士都来自同样的百姓中，君主亲近国人、野人，这是越国的战略之一。在此之后不过才一百年，战国时代的主要国家就已经开始大量削减士大夫的数量，追求君主直接管理百姓的所谓"齐民支配"，而勾践算得上是给他们树立了典范。勾践的这种举动在当时卿大夫权力稳固、等级制度森严的中原是绝对不可能出现的。改革在"野蛮的纯粹"与"改革的精神"相碰撞后，带来了更为急剧的变化。当野蛮的君主勾践和大刀阔斧的改革家范蠡、文种相遇后，越国很快一跃成为与中原实力相当的国家。

4. 勾践——攻打霸主的后背[①]

边品尝苦胆边等待时机的勾践在十年后终于等来了第一个机会。伍子胥死后，夫差被欲望彻底冲昏了头脑，为了霸主的虚名开始向

---

① 《国语》中有关吴越之战的记载确实属实，但是它频繁使用了"又一年"这样的字眼，因此在具体的年份记载方面十分模糊，这与以年代为记载主线的《左传》形成鲜明对比。之所以出现这种情况可能是因为中原历史中没有对吴越两国的事件进行详细记载，《国语》的作者在梳理这些事件时也没有认真考虑到这一点。反之，在记载中原核心国家的《晋语》中，不仅清楚记载了事件的年份，甚至还精确到了日，《左传》基本也是如此，其原因当然不难推测。本书中作者结合《左传》的内容大体推断出《国语》中事件的发生年份。就像《史记》的记事年份也并非完全准确一样，本书也不可避免地会出现错误。希望读者暂且把关注点放在故事的内容上，而非事件的准确年份上。

晋国发起挑战。

伍子胥死后，夫差开始把代替晋国成为维持周王室的霸主的野心付诸实践。他开挖邗沟连通长江和淮河，又沿着泗水开通能让宋国和鲁国间通船的河道，然后率领三万名步兵甲士抵达济水边的黄池，仅甲士就有三万名的话，那么不难猜测他到底耗费了多少的补给物资和马匹。在此之前还没有哪个国家会在会盟地动用这么大规模的军队。夫差现在的态度是，如果不满足自己的意愿，那么将不惜和晋国大战一场。

在黄池，从一开始围绕谁来做盟主这件事，这个地区就笼罩着一种紧张的气氛。

晋国方面认为"我本来就是盟主"，吴国方面则反驳道"周王室的后孙中吴太白的位列最高"。夫差是野心勃勃的人，赵鞅则是靠智谋和霸气成为晋国首领的人。双方僵持不下，剑拔弩张。吴军向晋国示威发起挑衅后，赵鞅叫来司马寅（董褐），大声喝道："现在还不能定下盟主，是我们二人的罪过。如果准备好战鼓，布置好队列，我们二人战死的话，那么谁为长谁为幼就可以知道了。"

《左传》中以晋国视角用上面这句话简单概括了那天发生的事情，不过仅从这一句话中我们也能感受得到当时的气氛是多么紧张。接下来我们根据《国语》中的内容来梳理一下当天吴军阵营所发生的事情。

当吴军与晋军正在进行气势战时，却收到了一个令吴军震惊的消息。越军攻打吴国国都，吴国大败！因为吴王和主力部队都不在国都，所以把守国都的军队寡不敌众败给越国。夫差担心这一消息外泄，于是将前来送信的七名传信人全部杀死了。

吴军内部立刻召开了紧急会议，夫差询问道："越国不讲信义，违背盟誓攻打了过来。我们回国路途太过遥远，现在是不管会盟直接回国比较好，还是参加会盟让晋国让步后再快速回国比较好？"

王孙雒回答道："因为事情很紧急，雒冒昧地先来回答，我认为这两种方案都不利。如果不订立盟约就回国，越国人听到这个消息后再制造声势，我们的百姓就会因害怕而逃亡。齐、宋、徐、夷这些国家也会说'吴国失败了！'，如果他们从河道两边夹击我们的话，我们就会全军覆没。如果先让晋国歃血成为盟主，晋国掌握了诸侯之长的权柄后，就会居高临下地控制我们，踌躇满志地带领我们去朝见周天子，那时我们就会陷入既不愿意臣服于晋国、又不能拒绝的境地。如果越国人知道后再制造声势的话，我们的百姓恐怕就会因为害怕而背弃国家。因此一定要先歃血成为盟主。"

吴王走到王孙雒面前，问道："那么怎么办才好呢？"

"请君主不要犹豫，我们回去路途遥远，并且绝对不会有第二条生路，赶快决定才能成功。"

然后王孙雒向前一步，环视众大夫并作揖道："如果不能转危为安、脱离绝境，那么不能称之为高超的智慧。人畏惧死亡，喜欢富贵长寿，这点在所有国家都是一样的。晋军距离本国很近，有后路可退，而我们距离本国很远，没有后路可退，只能拼死一战。因此晋国怎么能和我们进行危险的较量呢？侍奉君王时要勇敢地献出对策，在此时就用上了。今天晚上一定要稳住我们的军心，请君主激发大家的斗志，鼓舞军队士气，用高官厚职和丰厚财物来勉励大家，严惩那些没有斗志者，让大家都不畏死亡。那么晋国就会不战而败，把盟主让给我们，等诸侯们都回到本国后，君主就可以安下心来，一天急行，一天休息，安稳地实施回国计划了。这时如果再向将士们许诺把江淮一带的土地封给他们以慰劳他们的话，我们就可以平安地回到本国了。"

夫差采纳了王孙雒的计策。

那天晚上，吴国让一百名士兵排成一行，共排了一百行，左右中三军摆出了进攻的列阵。右军全部穿着白色的战袍，左军全部穿着红色的战袍，身在中军的夫差则拿起鼓槌亲自擂鼓，三军齐声呐喊，声浪震天动地。天才刚刚亮吴军就开始发起进攻。

吴军的气势吓住了晋国的将士，当然因此就后退绝不是赵鞅的风格。赵鞅并不怕与吴军大战一场，但是这时司马寅站了出来，他立刻赶去吴军阵营询问情况。

"这里是两国君主商定撤兵和好的地方。本来决定今天之内定下盟誓，贵国为什么要违背约定来到敝国军营外挑起事端呢？"

夫差回答道："如今贵国君主不为王室（周王室）的危难忧虑；拥有众多兵力，却不去平定藐视王室的戎狄、楚、秦等国；不遵守长幼有序之礼，反而征伐很多兄弟国家。寡人想保住先君的爵位，虽然不敢超越先君，但是也不能不及先君。"

虽然这是毫无根据的胁迫，但是吴国现在已经别无他法了。当时司马寅就认为吴国之所以会这么无理取闹，背后肯定是有什么缘由。于是他回去告诉赵鞅："臣观察吴王的气色，明显是遇到了很大的忧患。不是太子死了就是本国遭到了攻击，不如提出条件让他先歃血①。"

然后晋国又来到会盟的地方，提出如果吴王放弃吴王的称号而自称吴公的话，就承认其为霸主。夫差接受了这个条件，成为伤痕累累的"霸主"。

那么当时吴国的情况是什么样的呢？

在吴军滞留黄池时，勾践已经彻底换上另外一副面孔。勾践询问范蠡是否可以趁此机会攻打吴国，这次范蠡给出了肯定的答复。报仇雪耻的那一刻马上就要到来了。

当时吴国的国都由太子把守。越军已经打通了两条通往吴国国都的路，一是为陆上行军填埋了沼泽地，二是范蠡带领水军沿着海岸逆淮河而上以阻止吴军的回归，勾践自己则逆吴江而上去袭击吴国的河道。

在吴越两国陆军隔江对峙时，吴国王孙弥庸在越国姑蔑人的旗

---

① 《左传》中记载晋国先歃血为盟，这明显是错误的。

帜中发现了父亲的旗帜。吴越相争历史久远，这有可能是弥庸父亲被姑蔑人俘虏时所夺走的旗帜。看到旗帜的弥庸完全无法克制自己的愤怒。

"见到了仇人，怎么可以不杀死他们呢！"

他想立刻去进攻越军，遭到吴太子的劝阻："如果作战不能取胜，将会亡国，请暂且等一等。"

但是弥庸坚持己见，带领部下五千人抢先发动进攻。太子没有办法，只能出兵帮助弥庸。在初次交战中，吴国大胜，抓住了越国先头部队的部分将帅。勾践到达战场后，双方再次交战，这次是越国获胜。勾践抓了吴太子和弥庸，并攻入吴国国都。根据《史记》记载，越军包含六千名亲兵在内足足有四万七千名，而留在吴国国都的人几乎都是老弱病残。

勾践现在要与赶回来的夫差大战一场吗？然而越国有范蠡，范蠡完全不想与吴国的精锐部队正面对决。于是越国迅速撤退了军队，以巨额财物为条件，接受了吴国的求和。现在吴越关系完全发生了逆转。夫差在国外发动完全不必要的战争，却连自己的国家都守不住，这是多么的可笑啊。吴国国君的颜面一扫而尽，吴军的士气也降至谷底。现在的夫差精疲力竭，于是西边的楚军马上趁机攻打了过来。

5. 范蠡——等待天时

勾践通过这次出击获得了极大的自信心，实现夙愿的日子好像真的要来了。现在吴国三面被包围，伍子胥也死了，范蠡开始完全效仿伍子胥的策略，不断地给吴国制造麻烦。发动进攻，战胜后立马撤退，然后再进攻，夫差根本无力应对。分析勾践和范蠡的策略可知，越国的实际目的是让处于吴越中间地带的人迁移到越国，从而增加越国的人口。吴国需要抵挡西边的楚国，所以无法动用全部军力来对付越国。另外，因为刚经历过战争，吴国士兵的人数也不足，没有阻止敌人渡江的能力。

没过多久（前478），勾践率领的越军再次出现在了吴国南部境内。夫差隔着连通太湖的江水与之对峙，妄图以极少的兵力来防守过长的战线的对策显然是行不通的，但是夫差无法克服这种自负心态。勾践的战术实际上很简单。夜晚左右军弄出响声后，中军悄悄地渡江，三军运用这一方法全部顺利渡江，并攻打吴国中军，吴国中军因寡不敌众被击败。这次战斗的关键在于，长长的河流跟高高的城墙不同，在白天它是防御屏障，但是到了深夜它却为敌人的偷袭提供了便利。因此水战中的奇袭几乎都发生在夜里。想要阻挡这种奇袭就需要大量的兵力，吴国显然不具备这一条件。由于在这两次作战中的失败，夫差实际上已经被围困在了太湖和松江。

勾践现在非常焦急，之前他曾无数次询问讨伐吴国的时机。

在起用文种让国家安定下来时，勾践曾问道："寡人现在可以同你一起攻打吴国吗？"

"现在还不可以（未可也），勉强要求的事不吉祥。"

吴国君臣不和时，他又问道："吴国君臣上下不和，可以攻打吴国吗？"

"人事方面是可以了，只是上天还没有征兆，请暂且等一等吧。"

吴国的肱骨之臣伍子胥死的时候，他又问道："伍子胥屡次向吴王进谏，现在他死了，现在可以了吗？"

"现在吴国失道之行刚刚萌芽，天地还没有明显的征兆。如果我们先行去攻打吴国，不能成功的话，反而会连带我们一起受害。请君王姑且等一等吧。"

听闻吴国发生严重天灾时，又问道："如今吴国天灾严重，螃蟹吃稻谷连种子都吃光了，现在可以攻打吴国吗？"

"上天的报应可说已经来到了，但是人事方面还没有完全准备好，君王暂且再等一等吧。"

"您说的道理果然是这样的吗？不是在欺骗寡人吗？之前说到人事时，您说天时不可以；现在天时可以了，人事为什么又不可以了呢？"

"君王暂且再等一等。人事要与天地征兆三者相互配合时，方能取得成功。（夫人事必将与天地相参，然后乃可以成功。）"

范蠡虽然这样说，但实际上也是在等待最后的机会，并且他们布下了一个绝妙的骗局。史书中有如下记载：

> 越人侵楚，以误吴也。（越国人侵袭楚国，是为了迷惑吴国。）

这是什么意思呢？越国和吴国是盟邦，但是楚国却做出要攻击越军的样子，对吴国来说这当然是一个好消息。但事实上那段时间内楚国使臣不断出访越国。这其实是转移吴国视线的一个骗局，而夫差却没能识破这个骗局。

6. 勾践的剑斩断春秋

公元前475年9月，越王不愿意再继续忍耐，越军士气也越来越高涨，越国上下都称颂勾践为圣君。现在的越国每次出征都能胜利，粮食十分充足，国人上下一心，军队强大，外交稳定。负责内政的文种对当前战况做了分析。

"我曾卜问上天，现在吴国的民众已经十分疲乏。吴国连年饥荒，市场上连糙米也没有，粮仓都空了，吴国百姓们一定会逃到海边以谋求生路。上天已有预兆，百姓的离散也会出现。现在我们要发起进攻以夺得有利先机，不能让吴国有改正错误的机会。吴国边境的守卫兵疲乏不堪，一时赶不回来，吴王以不应战为耻，肯定不等远兵到达就用国都的守军与我们作战（吴王将耻不战，必不须至之会也）。假若事情进展如我们所愿，我们就能顺利攻入吴国，那时即便吴国边境的援兵到达，也无法与国都的吴军会合了，我们用在御儿的驻军牵制他们即可。”

可见文种对夫差的性情了如指掌。吴国变强后树敌很多，因此将很多军力都驻扎在边境。伍子胥为了攻打、抵御楚国，在太湖北边的每个要塞都修筑了城墙。如果越国单独攻打吴国的话，这些驻军会渡过太湖来与吴都的军队会合，部分军队可能会从太湖南边登陆攻打越军的侧面。但是夫差好面子，不可能等到那个时候。

勾践也预料到了这将是最后一战。他叫来范蠡问道：“俗话说得好，肚子饿时与其等着山珍海味，还不如就着水先吃白饭（饐饭不及壶飧）。今年又快要过完了，您到底是怎么想的呢？”

范蠡一改以前的态度，回答道：“即便君王不说这话，我也要向君王谏言了。我听说，抓住机会就像扑灭大火或者追捕逃犯一样，拼命追赶恐怕都来不及。”

勾践高兴得几乎要跳起来。他隐隐透露出要出兵的意愿，国人就全部站出来请求勾践务必报仇雪恨：“从前吴王夫差在各诸侯国面前侮辱君王，现在我们已经忍耐够了，要为君王报仇。”

勾践推辞道：“过去打败的那一仗，不是大家的罪过，是寡人的罪过。像寡人这样的人，哪里知道什么是耻辱呢？请暂时不要有打仗的想法。”

国人坚持要复仇：“我国上下，爱戴君王就像爱自己的父母兄弟一样。做儿子的想为父母报仇，做臣下的想为君王报仇，怎么敢不尽全力呢？请求君王再打一仗。”

现在万事俱备了，于是勾践在全国颁布了出征的布告令，在朝廷召开了战略会议。在这次会议中，勾践以绝对的自信征服了众人。

“希望诸位大夫能够把自己的意见全部说出来。”

舌庸说道：“对于勇敢的行为切实做到奖赏，可以取胜。”

"说的是吉利。"

大夫苦成说道："对畏缩的行为切实做到惩罚，可以取胜。"

"说的是勇猛。"

文种说道："能够仔细观察旗帜，可以取胜。"

"说的是判断力。"

范蠡说道："切实做好准备，可以取胜。"

"说的是细致周密。"

然后勾践来到后宫对夫人说道："从今以后，后宫的内务不许出宫，外界的政事不许进宫。后宫的内务有差错，是夫人的责任；外界的政事有差错，是寡人的责任。"

勾践从后宫出去后，夫人直接就把宫门给封死了。

以吴王阖闾墓而闻名的苏州虎丘的剑池

然后勾践又召见大夫，对大夫们说道："从今以后，内政不让外界知道，外政不让内界知道。寡人只会在这里见你们。"

勾践离开朝堂后，大夫们直接把大门封死了。

接下来勾践把国人全部召集起来，宣誓道："寡人听说，古代贤明的将帅不担心自己的兵力不足，而担心自己缺乏羞耻之心。现在夫差拥有穿着水犀皮铠甲的士卒有十万三千人，不担心自己缺乏羞耻之心，却担心他的士兵数量少。现在寡人要在上天的护佑下去消灭他，寡人不希望有匹夫之勇，只希望大家能同进同退。前进者会得到赏赐，后退者会受到惩罚。"

越国的国人都希望战争胜利，都在为勾践祈福。勾践出征后每当移驻新的营地时，都会公开诛杀犯罪的人。

"收受贿赂者要被处死。"

于是杀死犯这类罪的人。

"不服从军令者要被处死。"

于是犯这类罪的人也被杀死。

"不听从君王命令者要被处死。"

"淫逸懒惰者要被处死。"

之后再移驻新的营地时，再也没出现要被诛杀的罪犯。接下来，他对要回家乡的人依次下达了遣返令。

"有父母老人没有兄弟者，报告上来。"

然后把这些人遣返回家。

"兄弟四五人皆在此者，报告上来。"

然后把这些人遣返回家去奉养父母。

"老眼昏花、视力不佳者，报告上来。"

于是把这些人也全部遣返回家。

接下来让没有从军意志的人主动上报，然后将他们遣返回家。最后军队里就只剩下了有战斗意志的人，这样勾践的中军剩下了六千名精锐兵。

初冬时，勾践率领这些人开始气势汹汹地北进。一支部队从檇李北上，剩下的部队则乘船从海上沿着江河口北上。越国可以选择的路非常多，江河湖海都可以成为他们的行军通道。如果越军沿着吴淞江乘船抵达太湖的话，胜负基本上已经确定；如果越军借助海路来运送军粮的话，则很快就能让吴国国都陷入绝境。最后越军很容易地渡过了吴淞江，在吴军沿着江上下与越军周旋被打散时，越中军突然渡过江成功登陆，吴军没有好好打上一仗就撤退了。接下来吴军只能在太湖部署水军来保卫国都，同时，与太湖东西岸的城墙形成掎角之势，来对阵越军。果然不出文种的预料，该年十一月，越军包围了吴国都城。

每当吴军有敢死队攻过来时，勾践就想立刻发起进攻，但是范蠡劝阻道："在朝廷里制定好的周密谋划，一到战场就放弃了，这样可以吗？请君王暂且不要答应交战。"

被包围的吴都慢慢陷入了绝境。此时有一位客人来拜访夫差，他就是曾经在黄池与夫差争夺盟主的赵鞅的儿子赵无恤派来的使臣楚隆。楚隆先去拜访了包围吴都的越军指挥部，请求他们让他去见吴王，并获得了许可。

夫差非常感激不忘盟誓前来拜访的楚隆，楚隆向夫差转达了赵无恤的问候，并因晋国能力不足无法遵守同甘共苦的盟誓而深感愧疚。夫差叩头拜谢，道："寡人没有才能，不能制服越国，让大夫忧虑了。"

夫差给了楚隆丰厚的礼物后，让其转达自己对赵无恤要说的话。

"勾践将要让寡人活着好折磨寡人，寡人就算想死恐怕也难以实现。"

然后夫差询问楚隆："快淹死的人必定强颜欢笑，寡人现在还有一个问题想问您。贵国的史黯为什么能够被称为君子呢？"

楚隆回答道："史黯这个人做官时没有人憎恶他，退隐时没有人诽谤他。"

于是夫差说道："确实堪当君子啊。"

夫差在这危急时刻询问了什么样的人是君子的问题，很明显他和勾践都不是君子，在那一刻夫差可能是想起了伍子胥。

在国都被包围的第二年冬天，吴国百姓也都离开了，这可能是因为没有粮食过冬。百姓们溃散了，吴王被困在姑苏台。姑苏台跟会稽山不同，它没有后路可退，是平地上的一处孤零零的山丘。

吴王派使臣王孙雒向越国求和："过去上天降灾祸给敝国，使寡人在会稽对贵国君王犯下罪过。现在我们请求能够恢复以前的友好。"

但是范蠡不为所动，他劝谏勾践道："我们为什么要从早到晚艰辛劳苦？不都是为了要向吴国复仇吗？与我们争夺三江五湖利益的不正是吴国吗？谋划了十年的大业竟然在朝夕间就放弃，这难道也可以吗？"

范蠡见到王孙雒，说道："过去上天将敝国交到贵国手里时，贵国没有接受。现在上天反过来将贵国交到敝国手里，是想要补偿敝国之前受到的祸患吧。我们君王怎么敢不听从上天的命令，而听从吴王的命令呢？"

王孙雒回答道："范子啊，古人有句话说，'无助天为虐，助天为虐者不祥'。现在我国的螃蟹吃稻谷连种子都吃光了，您还要助天为恶，不怕遭受厄运吗？"

范蠡回答道："王孙子啊，过去我们的先君没有资格成为周朝的子爵，所以只能住在海边，与鼋鼍鱼鳖共处，同水边的虾蟆共居。我们现在虽然有人的样貌，但实际上跟禽兽一样，怎么能听懂中原那些巧辩之语呢？"

王孙雒的至诚没有起到任何作用。

使者带来了越王的回复："上天把贵国赐给敝国，寡人不敢不接受。人的生命并不长，希望吴王不要轻易去死。人活在世犹如匆匆过客，再长寿又能有多少时日呢？寡人将把吴王安置到甬句东这个地方，派遣三百对男女去终生侍奉吴王。"

夫差拒绝了："上天已经降大祸给我国，不在前，不在后，正好降在寡人身上，实际上弄丢宗庙和社稷的人正是寡人自己。我国国土上的人基本已经全被越国占有了，寡人还有什么颜面活在世上呢？"

夫差派人去告祭伍子胥，然后遮住脸自刎而死。夫差让人对伍子胥说了如下的话。

"假使死去的人没有知觉，也就罢了；假使有知觉的话，寡人有什么脸去见你（伍子胥）啊！"

吴国和越国间漫长的复仇战终于结束了。虽然当时夫差只是获得了名义上的霸主称号，不过也还是自诩吴太伯子孙而获得周王室认可的春秋霸主。这一霸主的消亡也意味着春秋时代的体系已经彻底崩塌了。

以后我们在阅读战国时代故事时会经常看到长久战、全面战、动员农民、骗局、奸细等字眼，而勾践早就知晓这些并将之付诸实践。正如范蠡所说的那句话："我们本来就跟禽兽一样，又岂会被中原的礼教所束缚？（吾犹禽兽也，又安知是浅浅者乎？）"

后记

吴越争霸的
背后故事

从公元前 6 世纪末开始一直持续到公元前 5 世纪初的这场巨大复仇剧终于到了结尾时刻。纵观这段时期，由于各种恩怨纠葛，决定生死的时刻常常不过是眨眼间。善意和恶意被卷入深深的旋涡中，无法回归正位。但是历史的八成是公正处于上风。接下来将从历史和现实的角度来察看前面那些纷争的背后故事和明灭的君臣，然后结束本书故事。

1. 范蠡 VS 文种 VS 楚子西

越国的一等功臣范蠡，最后结局是什么样的呢？范蠡在中国历史上是一个传奇人物，现在以范蠡为主题的小说就有数百部。

战争一结束，范蠡就放弃功劳，向勾践请辞。

"君王努力治国吧，我以后不会再踏入越国了。"

"寡人不明白您在说什么。"

"我听说，'做臣子的，君王忧虑，臣子就比他更要忧心操劳；君王受辱，臣子就要为他去死'（为人臣者，君忧臣劳，君辱臣死）。过去君王在会稽山受辱时，我之所以没有去死，就是为了今天。现在大仇已报，请让我补受君王在会稽受辱时就应该受到的惩罚吧。"

勾践劝阻道："如果有人不原谅你的过错，不称赞你的美德，寡人将让他在越国不得善终。你听寡人的话，寡人要把国家分给你一部分，请跟寡人一起回国吧。如果你不听寡人的话，寡人会将你和你的妻子儿女一起杀了。"

"我听到君王的命令了。君王可以按照自己说的去做，我会按照我的心意去做。"

勾践最终没能改变范蠡的心意。

范蠡乘着小船泛游于五湖之上，没有人知道他最后的去向。有些人称他最后与西施一起度过余生，但是这点无法辨别真伪。勾践让工匠用上等的铜制成范蠡的像，命令大臣们每十天礼拜一次，同时把会稽山周围三百里的土地划为范蠡的封土，命令所有人永远都不能侵犯这块封地。范蠡就这样离开了。

上面的故事记载在《国语》中，《史记》记载范蠡离开越国后去齐国经商成为巨贾，并在齐国陶地将所赚的钱都分给了百姓，被人们称为陶朱公，受到经商之人的崇敬。

那么文种最后怎么样了呢？《史记》中记载了下面一则故事。离开越国的范蠡曾寄信给文种：

> 飞鸟尽，良弓藏；狡兔死，走狗烹。越王为人长颈鸟喙，
> 可与共患难，不可与共乐，子何不去？

文种看过信后，就声称有病，不再上朝。但是有人中伤文种想要作乱，于是勾践赐给文种一把剑道："你教给寡人七种攻打吴国的计策，寡人只用三种就打败了吴国，剩下的四种还在你那里，你到先王面前去尝试一下那四种方法吧！"

这句话的意思是让文种去死，于是文种就这样白白冤死了。《吴越春秋》的作

卧龙山越国大夫文种的墓

者可能是觉得文种非常可怜，于是撰写了他最后的遗言：

> 南阳之宰而为越王之擒！后百世之末，忠臣必以吾为
> 喻矣。

那么让楚国重新复活的令尹子西现在在哪里呢？答案是他也早已离世，他在吴越之战刚刚开始时就被杀害了。之前他曾把逃到吴国的胜找回来封为白公，胜是死于非命的太子建的儿子。当时太子建在郑国勾结晋国策划阴谋被杀害，他的儿子胜于是逃到了吴国。子西对于胜的处境感到很惋惜，于是让人把他召了回来。叶公沈诸梁非常忧心。

"我听说胜这个人很狡诈，而且好作乱。把他招来不是招来了一个祸害吗？"

子西满不在乎地说道："我听说胜勇敢而讲信义，不会做不利的事情。让他去驻守边境保卫国家吧。"

叶公再次劝谏道："与善良相伴才是真正的信义，具备义理才是真正的勇气。我听说胜不管什么誓约都会遵守，遍求不怕死的勇士。把这种人放在身边，不是很危险吗？"

但是子西最后还是让人召回了胜，胜回来后立刻就央求子西给予他兵力去攻打郑国为父报仇，但是子西一直以尚不到时机为由拒绝。于是胜怀恨在心，决定找机会刺杀子西，并且亲自打磨刺杀所用的剑。那时子期的儿子平看到这一幕，问道："王孙您为什么亲自磨剑呢？"

胜回答道："胜以直爽而著称，不告诉您的话，怎么算得上直爽呢？我打算杀死您父亲。"

胜是子西的侄子。平把这件事告诉了子西，子西回答道："胜就像鸟蛋，在我的羽翼下长大（胜如卵，余翼而长之）。依照楚国的顺位序列，我死了之后，令尹和司马的位置不归胜还能归谁呢？"

听了子西的话后，胜很愤怒。

"令尹真是太狂妄了！他要是能得到好死，我就不是我。"

但是即便如此子西也没有先动手。最后胜发动叛乱，在朝廷上杀死了子西和子期，子西死时因为太羞愧用衣袖遮住了脸。胜的这场毫无根基的叛乱很快就被叶公沈诸梁给镇压下去了，但是辅佐两位年幼君王、让楚国重回正轨的两位政治家就这样白白冤死了。

2. 谁是最后的胜者？

三个国家的二把手就这样被国人给杀害了。伍子胥和文种被本国国君杀死，楚子西被自己的侄子杀死。纵横一世的这些二把手的命运太过无常，令人唏嘘不已。现在我们带着他们的故事来探讨一下长久胜利的含义。

吴国是失败者，那么越国就是胜利者了吗？当然，短时间内越国确实是胜利者。但是有一则很有意思的记载。

在越军出兵与吴国决一死战前夕，申包胥来到越国。申包胥是谁呢？他就是之前为营救楚国，去秦国哭了七天，让秦国出兵击退吴军而立下大功的人。那么他为什么要来越国呢？当然，他这次来不再是为了营救楚国，而是为了灭掉吴国。因此他不是单纯地礼访越国，而是前来侦察战况为越国出谋划策的。当然，顺便也给越国带来了将吴国守军牵制在西边国境这份大礼。他对战况一一询问，勾践也一一作答。最后勾践说道："我国南邻楚，西接晋，北连齐，每年春秋季，我们都要向他们进献财货、童男童女，请求他们帮助我们去向吴国复仇，我们想凭借这些战胜吴国。"

申包胥回答道："很好，不必再增加了，但是单凭这些还不能取胜。作战时，智谋第一，仁义第二，勇敢排最后。"

然后申包胥又详细询问了战争态势。勾践听从了申包胥的话，并转达给越国大臣们。从楚国的立场来看，这算是楚国借助越国打击吴国。

果然，勾践虽然战胜了吴国，但是不具备统治长江以北地区的能力。越军撤退后，楚国开始悄悄攻打越国西部边境，在与勾践后继者间的战争中也多次取得胜利，并且每次获胜都会扩张楚国的国土。越国对战吴国时所使用的战术在与楚国的对战中已经很难再发挥作用，因为楚国对此已经非常熟悉。最终在战国时代正式开始时，江淮一带已经全部成为楚国的土地。那么吴国和越国是为谁而战呢？

楚国在吴越之战中坐收了渔翁之利。客观上对楚国东进起到帮助的范蠡和文种的原本身份又是怎样的呢？在作者看来，范蠡和文种原本是负责楚国与各诸侯国贸易的官商。他们在楚越同盟关系日益加深时，往返于楚国和越国间，中转货物或者担当翻译，后来被勾践任用为财政专家去攻打吴国。

这只是作者的一种臆想吗？作者认为这一猜测具有充分的可能性。虽然关于范蠡的出生地一直存在很大的争议，但是大致可以确定的是他是楚国宛（南阳）人。《吕氏春秋》中有"范蠡，楚三户人，字少伯"的记载，后来的《吴越春秋》或《越绝书》、《史记正义》等几乎所有史籍中都有相似的记录。学者们认为三户指的是南阳的某个地名。

《吴越春秋》中记载大夫文种为楚国郢都人。根据这些史籍记载来看，范蠡和文种都是楚国人。那么他们为什么要来越国呢？他们是做什么的呢？这点可以从《史记·货殖列传》中找到一些线索：

> 昔者越王勾践困于会稽之上，乃用范蠡、计然。计然曰："知斗则修备，时用则知物，二者形则万货之情可得而观已。旱则资舟，水则资车，物之理也。"

这样的话在其他地方也有出现。《国语·越语》中记载，勾践被困在会稽山时，文种说过，"臣闻之：贾人夏则资皮，冬则资绨，旱则资舟，水则资车，以待乏也。"可见《货殖列传》和《越语》是参考了相同的史料。

另外，《货殖列传》中还记有范蠡在立了大功后想抽身离开时的独白：

> 计然之策七，越用其五而得意。既已施于国，吾欲用之家。

然后范蠡去齐国积累了巨额财富。那么计然的"七策"和勾践所说的文种"七策"有什么不同吗？作者认为是一样的。根据现有记载可推断，司马迁所说的文种和计然从文脉上看应该是同一人，并且他是一个商人。

《吴越春秋》或《越绝书》等认为文种和计然为不同的人，不过这都是在《史记》中计然"七策"基础上进行的小说再创作。这点在《吴越春秋》中很容易发现，例如将"七策"变为了"九策"，因此把文种称为计然并不奇怪。另外古代户名法的数量非常多，根据职位、封地、职责等均可以分为不同的种类。"文"是"文伯"等词的词头，种是本名。计然可能是与封地、职位或能力等有关的名字。

另外，从其他一些史料也可以推测他们是负责诸侯国贸易的官商。《史记·越王勾践世家》中记载了范蠡退隐后儿子曾在楚国杀人，那时范蠡已经没有官职，去其他国家几乎都是因为商业方面的事情。当时范蠡给了一位名叫庄生的朋友钱让他救下儿子的性命，可见范蠡从很久之前就在楚国积累下了很广的人脉。因此笔者推测范蠡以前可能是楚国的官商。

范蠡和文种可能在到了越国后依然对祖国楚国很忠诚，与申包胥等楚国使臣也一直保持联系。在达成目的后，范蠡担心他在越国没有根基，于是离开越国重新做回本业，而文种还没来得及离开就被杀害了。

那么另一位楚国人伯嚭怎么样了呢？《史记》和其他野史中的记载均是伯嚭被勾践杀死，但是这不过是后人的一种期望而已。根据这一时期最权威的史书《左传》的记载，在吴国灭亡两年后的公元前471年，伯嚭依然在越国担当太宰职位，收受了鲁国的贿赂。这件事是记录在鲁国的史书中的，所以应当不会有误。技术官僚怎么会轻易死去呢？

伍子胥、伯嚭、范蠡、文种这些楚国人操控了吴越之战。吴越之战结束后，楚国本土人开始慢慢蚕食越国西边的土地。那么谁是最后的胜者呢？

3. 隐藏的剑在哪里？

在本书的前言中作者提到了隐藏的剑。

越国虽然攻占了吴国，但是失去了吴国原先在淮河一带的所有土地。为什么会这样呢？因为越国没有能统治这一带土地的人才。如果没有文种这样的内政专家，如何管理得了异族的土地呢？在中原人看来，越国人依然是像龟或鳄鱼一样生活的蛮夷人。杀死文种令越国彻底失去了信义。在勾践之后，越国接连几个世代的君主都因宫中的暗斗被暗杀，甚至出现了没人愿意继承王位的奇异现象。为什么会这样呢？答案是杀死文种的那把剑隐藏起来后又重新现身了。

勾践是一位卓越的国君，但是他虽然知道生存的法则，却不知道共存共休的法则。因为他无法容下功臣，所以他的后代子孙也被臣下一一杀死。想要长久守住胜利，就必须了解共存的技术。

夫差为什么会惨死呢？答案是当时杀死伍子胥的那把剑隐藏起来后又重新出现了。但是指向夫差的剑有无数把，艾陵中白白死去的数千将士、告诉国君本国危急情况而被杀死的七位使者、忍着饥饿开挖运河被累死的农夫等。夫差与他父亲不同，他非常擅长杀死自己人。所有的这些事情累加起来，终于让国人们直接抛弃夫差，不战而逃。

那么楚国能够复兴为强国的原因是什么呢？答案是楚国没有制造隐藏着的剑。昭王死的时候没有让令尹和司马替自己承受厄运，他的儿子惠王跟他一样仁慈。《新序》中记载了下面一则故事。

楚惠王吃凉酸菜时发现有蚂蟥，于是直接吞食了，之后腹泻无法吃东西。于是令尹询问道："君王是怎么得这病的？"

惠王回答道："寡人吃菜时发现了蚂蟥，想着如果责备厨师但不治他们罪的话，不是破坏法令和权威的做法吗？但如果责备并惩罚他们的话，那么厨师和管膳食的人按律法都要被处死，寡人不忍心这么做。寡人害怕别人看见，于是就吞食了。"

这就是楚王吞食蚂蟥的故事。恩德可以减少敌人。有人可能会问，仁慈的令尹子西不也是被胜这种人给杀了吗？然而子西虽然死了，但是楚国却因此成为找回王孙给予他职位的有信义的国家，而且楚国最后也拿走了吴越争霸的果实。因此，作者认为，从长远来看，历史的八成都是正道占上风。

最后想强调的一点是，阖闾、伍子胥、勾践、文种、范蠡等都是非常优秀的人。

虽然阖闾刚愎自用，但是心胸宽广；虽然很残忍，但是非常讲信义；虽然无法容忍兄弟继承王位，但是成为国君后，广纳四海人才；虽然会牺牲一些人，但是不会忘记死去的人。

伍子胥虽然外表上看起来很刚强，但实际上是一个眼泪很多的人。虽然成为他的敌人就要做好死的准备，但是成为他的属下则会得到他的关心，成为他的上司则会听到他的忠告。

夫差是典型的金玉其外，败絮其中。虽然他看起来很强，但是实际上很弱；虽然看起来很有才识，但实际上很无知；虽然看起来很仁慈，但实际上很残忍；虽然看起来很缜密，但实际上很松散。为什么这样说呢？他为了虚名放弃为父报仇，为了霸主幻梦三面树敌，以恩德的名义把一国之君当奴仆使，残酷无情地杀死自己人，让百姓饿着肚子去修建高台，拼命筹备铠甲和枪却不关心军队的士气。

勾践是外表温和但内心冷酷的人，被其利用的人并不是只有文种。韩非子曾一针见血地指出："故王良爱马，越王勾践爱人，为战与驰。"

范蠡活下来了，文种却死了。虽然当时他们一起离开故乡，一起立下汗马功劳，但最终一人离开活了下来，一人留下却丢了性命。是范蠡睿智、文种愚笨吗？虽然只是一种臆测，但作者在想是不是文种在会稽山说出"今君王既栖于会稽之上，然后乃求谋臣，无乃后乎？"时，结局就已经定了呢？从勾践的性格来看，他显然是绝对不会忘记这些话的。读者们也可以想一下，自己想追随什么样的上级？想管理什么样的部下？想成为什么样的人呢？

吴光越影
——大丈夫们的
野心和复仇，光和影

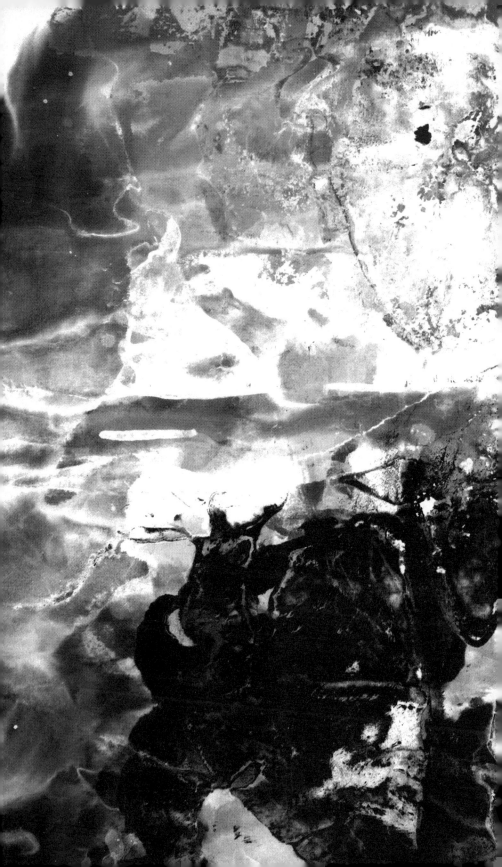

向令伍子胥从奢俱死，何异蝼蚁。弃小义，雪大耻，名垂于后世，悲夫！方子胥窘于江上，道乞食，志岂尝须臾忘郢邪？故隐忍就功名，非烈丈夫孰能致此哉？

——《史记·伍子胥列传》

　　笔者最初看到司马迁对伍子胥的评价时，认为司马迁的话未免太言过其实了。虽然伍子胥是一位刚烈之人，但是一个人怎么能为了个人恩怨而带领军队去攻打自己的祖国呢？如何去看待在这场纷争中死去的无数无辜的人呢？因此，笔者当时想，司马迁之所以会做出这样的评价，很有可能是因为他将自己的不幸遭遇投射到了伍子胥身上。

　　后来笔者阅读了《楚辞》《伍子胥兵法》以及许多史书，并且在决定写作本书时还到伍子胥曾经生活的地方进行了实地探访，在这之后，笔者对伍子胥的看法有了很大的改变。我现在也能够理解他对朋友说"吾日暮远途，吾故倒行而逆施之"时的无奈心情。伍子胥可以说是一位宁折不屈的大丈夫。

　　虽然历史没有假设，但是笔者还是想暂且抛开一切历史考证，在吴国大地上乘着伍子胥的梦想，张开想象的翅膀。此外，笔者还想悼念一下野史中越国那位绝世美人或一代妖姬。

1. 在阖闾城追忆大丈夫

夏季，在江南大地游逛是一件不明智的事。笔者在无锡站拿出地图询问站务员阖闾城遗址的位置时，站务员都回答"不知道"。

"请问您知道阖闾城吗？"

"阖闾？"

"春秋战国时期有一个和勾践像仇人一样争斗的人，他卧薪尝胆……"

拿出地图来，他们似乎并没有见过阖闾这两个字。阖闾用汉语该怎么读，大家议论纷纷，最后询问了一位大学毕业的后辈。

"这两个字应该怎么读？这个人是谁？"

"阖闾。吴王阖闾。"

曾经威名赫赫的一世英雄现在也只是位寻常古人。在那位站务员的帮助下，我们找到了阖闾城遗址的位置，搭乘出租车去那里。

经过一番询问后，我们坐上了环太湖的出租车。虽然不知道水下怎样，但是至少从外表上来看太湖的水是越来越干净了。出租车开了一段时间后，一处延伸至江水里的高耸丘陵映入眼帘，即使不是军事专家，也能觉察到这个地方的不寻常之处，然后就看到了阖闾城遗址。

走近阖闾城遗址后，发现地上到处散落着修复工程的建筑材料。正值九月，来参观阖闾城遗址的游客只有笔者一人。笔者打算登上这个丘陵，俯瞰太湖。虽然江南的夏天很热，但是湿气更加可怕。人走起来不一会儿就汗如雨下。从太湖上蒸发的白蒙蒙的水蒸气遮住了大气层，令人闷闷地喘不过来气。当半小时后登上山顶时，笔者全身已经湿透了。另外，虽然名字是阖闾城，但这座城其实是伍子胥为牵制楚国、保卫吴国国都而设计修建的。

"真是位奇人，果然是有远见的人。"

伍子胥为什么在这里建城呢？苏州曾是吴国的国都，它东接平原，西通太湖。西边的楚国如果想要攻打吴都，陆军行军则需要翻越太湖周围的这个丘陵，水军则需要通过连通长江和太湖的狭窄河道。这样吴都和阖闾城就形成了掎角之势，一旦封住了太湖入口，敌人将动弹不得。伍子胥在这个向下可以俯瞰太湖、后面是绵延丘陵的阖闾城储备了大量兵力和粮食。但是真正的威胁不是来自西边，而是来自东边。

其实本来就算敌人从东南边攻入也没有什么关系，如果百姓们不逃散，越军其实根本不可能攻陷吴都。在太湖上开辟一条通道，从都城西边不断运输粮食来补给都城，并非大国的越国如何能攻得下吴都呢？当敌军疲惫时，封住吴江和淞江东边的入口，水陆两军同时向东边出击，然后国都的军队从正面突击，那么沿着沼泽地上狭窄通道过来的越国人，将会被困在沼泽地里动弹不得。因此伍子胥多次劝谏夫差：

"百姓如果离散的话，不可以发动战争。"

民以食为天，连肚子都无法填饱的人又能守护得了什么呢？因此在伍子胥兵法的开头就讲到了"食"的问题。

> 治民之道，食为大葆，刑罚为末，德正（政）为首。
>
> ——《盖庐》

　　吴都被攻陷不是因为城墙低，也不是因为兵力不足，真正的原因是百姓的背离，当时没有人从阖闾城赶去救援国都。当越国的船队从黄海排到太湖时，曾经在西边方圆千里威名赫赫、乘风破浪的"吴榜"却无影无踪了，因为饥饿的国人全部跑去海边抓捕鱼蟹果腹了。

　　伍子胥在设计吴都时，在南边和西边的粮道上花了很多心思。他把阖闾城建在吴都后方，将其作为在战争最后时刻能借助太湖和丘陵进行决战的地方。可是真的如他所愿了吗？吴都陷落时，百姓们早已溃散，伍子胥也早已被装到马革口袋里沉到了江底。屈原有一首诗歌哀叹伍子胥。

> 忠不必用兮，贤不必以。
> 伍子逢殃兮，比干菹醢。
>
> ——《涉江》

　　屈原听闻伍子胥和比干的事迹后，在他的诗《离骚》中曾指出，先离去的"圣贤"中，比较久远的是比干，比较近的是伍子胥。目光短浅的人违背法度，刚烈正直之人又岂会迎合他们呢？

> 背绳墨以追曲兮，竞周容以为度。
> 忳郁邑余侘傺兮，吾独穷困乎此时也。
> 宁溘死以流亡兮，余不忍为此态也。
> 鸷鸟之不群兮，自前世而固然。
> 何方圜之能周兮，夫孰异道而相安？
> 屈心而抑志兮，忍尤而攘诟。

伏清白以死直兮，固前圣之所厚。

——《离骚》

屈原在临死之前吊唁伍子胥。只是"不量凿而正枘兮"而已，忠臣怎么会只看得到活下去的凿眼呢？因此"孰非善而可服？"事实也正是如此。"吴信谗而弗味兮，子胥死而后忧。"（《惜往日》）

无论怎么做都没有用了，现在只剩下了空城。想扶持昏庸君主的老臣，虽然想组织军队顽强抵抗，但是百姓们早已背离了君主。现在该怎么办呢？当然只能乖乖等死了。荀子认为自杀而亡给君主留下污名的伍子胥不是真正的忠臣，但是通常情况下，七岁孩童都很执拗很难被改变，谁又能改变愚钝的一国之主呢？

笔者在《吴越春秋》中见到了伍子胥以"同病相怜"之心庇护伯嚭的样子，在《越绝书》中见到了他废寝忘食、不断鞭笞自己为死去将士们报仇的样子，并试着去体会屈原的郁愤后，才真正理解了太史公对伍子胥的评价。

现在我们来重新认识一下伍子胥。他虽然在命运的驱使下成为复仇的化身，但其实是一个心肠很软的人。伍子胥当时想放弃攻打楚国，选择与齐国结盟去攻打越国，以江南霸主的身份迎接战国时代的到来，这不正是其后辈孙权所施行的策略吗？

如果当时吴国加固都邑的防护，做好与越国长期争夺民心的准备，处于僻壤之上的越国又怎么可能对强大的吴国构成威胁呢？

阖闾和伍子胥都是性情热烈如火的男人。笔者在阖闾城顶撒下了一把黄土以悼念这两位性情如盛夏般热烈的男人。

2. 看着水道想到了攻守均衡

在地势平坦的中国东部地区，运河可以说是大动脉。后人直接

吴国的军事堡垒淹城

从空中俯瞰延陵淹城的图像　三重护城河包围着中心的狭窄地，最外围的护城河长度是三千米。

享用阖闾和夫差所种下的果实。虽然夫差的野心没能实现，但是他的运河构想却非常绝妙。

扬州市原邗城遗址现在矗立着一座高耸的水泥塔，这可能是习惯修建高建筑物的人的作品，笔者对此无可置喙。但是进入古色怆然的建筑内后，水泥和油漆的刺鼻气味迎面扑来。站在这座塔的塔顶观看扬州时，可以一眼望尽以前长江泛滥时水覆盖的城南边的地形地势以及城北边与淮河相接的宽广地带。

当时开通这条运河的夫差该是多么的威风呢。然而当夫差沿着这条水道北上成为霸主后，也因为这条水道而悔恨不已。如果这条狭窄的水道被封住致使水道两边国土受到威胁，该怎么办呢？当国力昌盛时，运河是攻击的要道；但是当国力衰微时，它就会成为守备上最脆弱的一环。战略家们常会在攻击时先想好守备，在昌盛时先想好退路。然而隋炀帝和夫差在运河上的设计都没有顾及这种攻守均衡。

常州有一个名叫淹城的要塞，它是由三重护城河所包围着的一片狭窄空间。从进城的长长水道来看，这里显然是靠船来进行攻击和防御的要塞。穿过三重护城河来到同心圆的中心后，就是一小块空地。那么这个地方是用来做什么的呢？是祭天的地方吗？是水军的基地？还是小国的都城？或者是监狱？也或许是粮仓？一些人认为是延陵季子的封邑？总之现在无法确切得知它的真正用途，不过从它用水阻断了内外联系只留下一条通道这点来看，答案似乎是很明显的。

就算有诸多不确定，有一点笔者非常确定，那就是季札并不生活在这个地方。该处最外围的护城河长达三千米，具有充分的防御功能。但是第二道、第三道水沟反而只是起到了破坏内部统一性的作用。在笔者看来，淹城的防卫因为过于坚固反而失去了均衡，吴国的季札很注重均衡，所以是绝对不会修建这种要塞的。因为一般作战防守结束后，一定会寻找时机进行反击。

淹城只有一条水道通往外面，所以很难用船来进行反击，水是陆军的前行障碍，所以步兵也很难进行反击，因此淹城是一个不能进行反击的要塞。正如城墙越高军心越散一样，护城河削弱了内在团结力。总之，水无论何时都是一把双刃剑，维持其中的均衡则是人需要做的事。

3. 在西湖想起了西施

越国的山水分布比吴国要均匀。从越王允常的墓来看，制作墓椁的一块木板就需要很多人一起搬运，用这样粗笨的木板制成的墓椁，其规模要比中原的还要大，还要壮观。从会稽这一小小盆地兴起的势力竟然可以壮大到如此地步，这背后又蕴藏着多少故事呢？

范蠡湖中的西施石像 范蠡湖是西施和范蠡的爱情庇护处。

曾为越国国都的绍兴市内有很多低矮的山，勾践的残酷无情之势，是不是就是源于这些环绕着绍兴南部的群山呢？战斗时有路可退是一个非常大的优势。夫差最后被围困在没能通到太湖东边的山岭，孤立于平地上的一处山丘，陷入了绝境。而勾践当时虽然被困在地势不高的会稽山，但是会稽山后有绵延不绝的绿山，因此拥有了一张最后的决战卡。虽然当时派人去向吴国求和，但是如果拥有进入山林大战一场的信心，那么放狠话让敌人攻打过来也无妨。

　　绍兴是文豪鲁迅的故乡。虽然鲁迅的笔像勾践的剑一样锋利，但是他的心要比勾践仁慈。曾为越国国都的绍兴的每个角落都留有他的笔迹。

　　西湖无论是十年前还是现在都很悠闲，远处的雷峰塔也依然如故。但是这次笔者漫步西湖时想起了一位名人的命运。

　　野史中，勾践向夫差进献的美女名为西施。一些人认为西湖的名字就是取自美丽的西施，当然，事实上并非如此。那么西施是一位什么样的女子呢？据说夫差见到西施后再也无心朝政，所以她是一位美到什么程度的女子呢？笔者并不怎么相信这些人的话，因此并不关心这位女子的美艳程度。但是一些文人会让美丽的女子来充当亡国的替罪羊，这令笔者感到十分不舒服。如果西施真的迷惑了夫差，让夫差不问政事的话，那么从越国的立场来看，她不正是一位爱国志士吗？

　　在西湖边上笔者还看到女革命家秋瑾的雕像，这位女子曾经高呼"驱除鞑虏、恢复中华"的豪壮口号，举起反清共和的旗帜。在反清共和战役中又有多少男儿展现出了与秋瑾一样的气节呢？

　　看到秋瑾后，笔者脑海里又浮现出西施。她也像秋瑾那样是一位有气节的女子吗？或者仅仅是一位漂亮柔弱的女子？当然现在无从得知，不过有一点很确定，那就是她显然是政治上的替罪羊。鲁迅在祈祷"雷峰塔倒塌吧！"时，可能也想到了西施。笔者读过鲁迅的一篇文章，它是鲁迅从祖母那里听来的一个故事。

西湖风景　登上远处的雷峰塔，可以一眼望尽西湖周边的景致。

　　有个叫作许仙的人救了两条蛇，一青一白，后来白蛇便化作女人来报恩，嫁给许仙了；青蛇化作丫鬟，也跟着。一个和尚，法海禅师，得道的禅师，看见许仙脸上有妖气，——凡讨妖怪做老婆的人，脸上就有妖气的，但只有非凡的人才看得出——便将他藏在金山寺的法座后，白蛇娘娘来寻夫，于是就"水漫金山"。我的祖母讲起来还要有趣得多，大约是出于一部弹词叫作《义妖传》里的，但我没有看过这部书，所以也不知道"许仙""法海"究竟是否这样写。总而言之，白蛇娘娘终于中了法海的计策，被装在一个小小的钵盂里了。钵盂埋在地里，上面还造起一座镇压的塔来，这就是雷峰塔。此后似乎事情还很多，如"白状元祭塔"之类，但我现在都忘记了。

　　那时我惟一的希望，就在这雷峰塔的倒掉。

——《论雷峰塔的倒掉》

这是鲁迅听闻雷峰塔倒塌的消息后所写的文章。善良的白蛇被压在雷峰塔下，这个悲伤故事是江南非常有名的一个传说。少年鲁迅听完这个故事后，萌生了让雷峰塔倒塌的想法，因为这样白蛇就可以被放出来了。

秋瑾曾经也站在这西湖边上，她和西施都算是越国人。如果有机会的话，笔者希望能用文字来减轻一些古文中无故压在妺喜、褒姒、西施、貂蝉等无数女子肩上的重担。在笔者的想象里，西施可能就是像白蛇娘娘那样的女子。

主要国家诸侯在位年表

年份	东周	鲁	齐	晋	秦	楚	郑	燕	吴	越
前770										
前769		孝公						顷侯		
前768					襄公					
前767						若敖				
前766								哀侯		
前765										
前764										
前763										
前762										
前761						霄敖				
前760										
前759										
前758				文侯						
前757							武公			
前756			庄公							
前755	平王	惠公								
前754					文公					
前753								郑侯		
前752										
前751										
前750										
前749						蚡冒				
前748										
前747										
前746										
前745										
前744										
前743				昭侯						
前742							庄公			
前741										

年份	东周	鲁	齐	晋	秦	楚	郑	燕	吴	越
前740				昭侯						
前739										
前738										
前737										
前736			庄公							
前735								郑侯		
前734										
前733		惠公								
前732				孝侯						
前731										
前730	平王									
前729										
前728					文公					
前727										
前726										
前725										
前724										
前723										
前722										
前721				鄂侯						
前720							庄公	穆侯		
前719						武王				
前718	恒王	隐公								
前717										
前716										
前715			釐公							
前714				哀侯						
前713										
前712										
前711					宁公					
前710										
前709				小子						
前708										
前707										
前706		桓公								
前705								宣侯		
前704				湣						
前703										
前702					出公					
前701										
前700							厉公			
前699										
前698										
前697			襄公		武公			桓公		

274

年份	东周	鲁	齐	晋	秦	楚	郑	燕	吴	越
前 696							昭公			
前 695		桓公								
前 694							子亹	桓公		
前 693						武王				
前 692										
前 691			襄公							
前 690				潜						
前 689	庄王									
前 688					武公					
前 687				武公			子婴			
前 686										
前 685										
前 684										
前 683						文王				
前 682										
前 681				晋侯						
前 680										
前 679	釐王									
前 678		庄公		武公①			厉公			
前 677					德公					
前 676										
前 675										
前 674						堵敖囏		庄公		
前 673										
前 672										
前 671										
前 670			桓公		宣公					
前 669										
前 668										
前 667										
前 666										
前 665	惠王			献公						
前 664										
前 663							文公			
前 662					成公	成王				
前 661		潜公								
前 660										
前 659					穆公					
前 658										
前 657										
前 656		釐公						襄公		
前 655										
前 654										
前 653										

① 周天子承认晋武公。

年份	东周	鲁	齐	晋	秦	楚	郑	燕	吴	越
前 652	惠王			献公						
前 651				献公						
前 650										
前 649										
前 648			桓公							
前 647										
前 646										
前 645										
前 644				惠公						
前 643										
前 642										
前 641										
前 640		釐公				成王	文公			
前 639										
前 638			孝公							
前 637					穆公					
前 636										
前 635	襄王							襄公		
前 634										
前 633										
前 632				文公						
前 631										
前 630										
前 629										
前 628										
前 627										
前 626										
前 625						穆王				
前 624				襄公						
前 623			昭公							
前 622										
前 621										
前 620										
前 619							穆公			
前 618			文公							
前 617	顷王									
前 616					康公					
前 615				灵公						
前 614								桓公		
前 613										
前 612						庄王				
前 611	匡王		懿公							
前 610										
前 609										

276

年份	东周	鲁	齐	晋	秦	楚	郑	燕	吴	越
前608	匡王			灵公						
前607							穆公			
前606					共公					
前605							灵公			
前604								桓公		
前603			惠公	成公						
前602										
前601										
前600		宣公				庄王				
前599										
前598										
前597										
前596	定王						襄公			
前595								宣公		
前594										
前593										
前592										
前591										
前590			顷公	景公	桓公					
前589										
前588										
前587										
前586							悼公			
前585	简王	成公								
前584										
前583										
前582								昭公		
前581										
前580										
前579							成公			
前578						共王				
前577				厉公						
前576										
前575									寿梦	
前574			灵公							
前573										
前572					景公					
前571	灵王	襄公		悼公				武公		
前570							釐公			
前569										
前568										
前567										
前566										
前565							简公			

年份	东周	鲁	齐	晋	秦	楚	郑	燕	吴	越
前564										
前563										
前562						共王			寿梦	
前561				悼公						
前560										
前559			灵公					武公		
前558										
前557						康王				
前556										
前555	灵王									
前554									诸樊	
前553		襄公								
前552			庄公					文公		
前551					景公					
前550						景公				
前549										
前548							简公			
前547				平公				懿公		
前546										
前545										
前544										
前543						郏敖				
前542										
前541								惠公		
前540									馀祭	
前539										
前538										
前537										
前536										
前535						灵王				
前534			景公							
前533	景王									
前532								悼公		
前531		昭公								
前530				昭公						
前529					哀公				馀眛	
前528										
前527								共公		
前526							定公			
前525						平王			僚	
前524				顷公						
前523								平公		
前522										
前521										

年份	东周	鲁	齐	晋	秦	楚	郑	燕	吴	越
前520	景王									
前519										
前518						平王			僚	
前517							定公			
前516		昭公		顷公						
前515										
前514										
前513								平公		
前512										
前511					哀公					
前510										
前509										
前508										
前507						献公				
前506			景公							
前505								阖闾		
前504										允常
前503		定公								
前502						昭王				
前501										
前500										
前499							简公			
前498	敬王									
前497										
前496				惠公						
前495										
前494				定公						
前493										
前492										
前491										
前490										
前489			晏孺子							
前488						声公			勾践	
前487		哀公								
前486			悼公					夫差		
前485							献公			
前484				悼公						
前483			简公							
前482						惠王				
前481										
前480										
前479			平公							
前478										
前477										

年份	东周	鲁	齐	晋	秦	楚	郑	燕	吴	越
前476	敬王			定公						
前475									夫差	
前474										
前473										
前472	元王	哀公						献公		
前471										
前470							声公			勾践
前469										
前468										
前467				平公						
前466										
前465					出公					
前464						厉共公	惠王			
前463										
前462										
前461								孝公		鹿郢
前460	贞定王									
前459		悼公					哀公			
前458										
前457										
前456										
前455										不寿
前454			宣公							
前453							共公	成公		
前452										
前451				哀公						

主要事件

年份	事件
前 521	宋国华氏发动叛乱，许多国家介入。
前 519	吴国公子光（阖闾）在鸡父大败楚国联合军。
前 515	阖闾发动政变，登基为王。
前 506	阖闾攻陷楚国国都。
前 496	越王勾践大败吴军，阖闾被刺身亡。
前 494	吴王夫差向越王勾践复仇。
前 484	吴齐艾陵之战，齐国大败。
前 482	诸侯在黄池订立盟约，夫差成为霸主，但是后方遭到越国的攻击，匆匆归国。
前 475	越王勾践大举进攻吴国。
前 473	越王勾践灭掉吴国。

图书在版编目（CIP）数据

春秋战国．第 5 卷，吴越争霸 ／〔韩〕孔元国著；张晴晴译．—上海：上海三联书店，2023.1
ISBN 978-7-5426-7941-3

Ⅰ．①春…Ⅱ．①孔…②张…Ⅲ．①中国历史—春秋战国时代—通俗读物 Ⅳ．① K225.09

中国版本图书馆 CIP 数据核字（2022）第 218064 号

春秋战国·第五卷·吴越争霸

著　　者／〔韩〕孔元国
译　　者／张晴晴
责任编辑／王　建
特约编辑／苑浩泰
装帧设计／鹏飞艺术
监　　制／姚　军
出版发行／上海三联书店
　　　　　（200030）中国上海市漕溪北路 331 号 A 座 6 楼
邮购电话／021-22895540
印　　刷／三河市延风印装有限公司
版　　次／2023 年 1 月第 1 版
印　　次／2023 年 1 月第 1 次印刷
开　　本／960×640　1/16
字　　数／136 千字
印　　张／19.5

ISBN 978-7-5426-7941-3/K·693
定　价：59.80元